湛庐CHEERS

与最聪明的人共同进化

HERE COMES EVERYBODY

KING ARTHUR'S ROUND TABLE

高效的组织都是圆的

David Perkins
[加] 戴维·珀金斯 著　　朱映智 译

中国纺织出版社有限公司

· 哈佛大学教育研究生院资深教授，知名教育心理学家
· 国际思维协会组织委员会常委，全球教育界知名演讲家、顾问
· 与霍华德·加德纳、丹尼尔·戈尔曼齐肩的著名教育心理学家
戴维·珀金斯
David Perkins

KING ARTHUR'S ROUND TABLE

戴维·珀金斯与闻名于世的哈佛“零点项目”

戴维·珀金斯是哈佛大学“零点项目”创始人与负责人之一。20 世纪 60 年代，美国知名哲学家纳尔逊·古德曼创立了“零点项目”，组建了由哈佛大学教育研究生院的学者和教授组成的跨领域研究团队。当时正在攻读博士学位的戴维·珀金斯也参与其中，成为这个伟大项目的创始人之一。在哈佛大学任教后，珀金斯和霍华德·加德纳一起，作为“零点项目”的负责人，共同工作了数十年之久。

从最初成立至今，“零点项目”始终致力于研究智力、理解、思考、创意与人类的学习等相关议题，其主要目标是，帮助人们在不同的社会规则下进一步理解和增强高水平的思维能力与学习能力。

“零点项目”吸引了来自全球近 20 个国家和地区的研究者与老师，项目组织者定期举办研讨会和工作坊，推广研究成果。这些研究成果为教育学、心理学和艺术教育带来了极大冲击和重要影响。珀金斯则始终积极参与该项目，目前担任“零点项目”指导委员会高级联合主任一职。

KING ARTHUR'S ROUND TABLE

David Perkins

心理学界不可小觑的大师级人物

KING ARTHUR'S ROUND TABLE

近年来，在北美心理学界对智力的研究中，最有影响的理论有5种：霍华德·加德纳的“多元智能”、戴维·珀金斯的“真智力”、罗伯特·斯滕伯格的“成功智能”、丹尼尔·戈尔曼的“情绪智力”以及史蒂芬·J.塞西的“智力生物生态模型”。

关于智力研究的畅销书作者有3位：霍华德·加德纳、戴维·珀金斯和罗伯特·斯滕伯格。

尽管珀金斯在国际上的名气略逊于他的同事、朋友兼合作伙伴霍华德·加德纳，但事实上，珀金斯对教育和学习的深邃思想是无可比拟的。他在青少年应习得的“闯荡未来社会必备的能力”方面，给出了深刻的洞察与见解。

珀金斯还与同事们一起展开了对思维倾向的研究，设计了将课堂教学转变为“思维文化”教育的方法，希望通过以思维为中心的方式进行学科教学，培养学生的思维技能和学习态度。目前，许多学校都在参与该项目的研究。

为未知而教，为未来而学

戴维·珀金斯认为：知识必须能够在某些场合实际运用，才值得学习。我们需要以一种“未来智慧”的新视角来看待教育，在教育中既关注已知，也关注未知。在今天这个复杂而多变的世界中，家长与教育者应努力培养孩子的好奇心、启发智慧、增进孩子的自主性和责任感，引导他们积极、广泛、有远见地追寻有意义的学习。为了更好地阐释自己的观点，让更多人关注教育的本质，珀金斯先后撰写了《为未知而教，为未来而学》《为未知而教，为未来而学 2》《全局学习法》《尤里卡效应》等多部作品。这些关于学习理念的著作，得到了广泛的支持与好评。

学习创新实验室

继对个体教育与学习的研究之后，珀金斯又将注意力放在了组织学习与发展上。他领衔创建了学习创新实验室（Learning Innovations Laboratory），每年定期召开 3 次关于大型企业、组织的高级代表会议，与企业管理者们一起分享关于组织学习、领导力、创造力等方面的思考与想法。同时，该实验室也在不间断地进行关于组织学习与发展的各类研究。珀金斯希望，能将数十年对个体学习研究的经验与方法，移植到组织学习中，让组织更具学习力。

目录

KING ARTHUR'S ROUND TABLE

第 1 章

组织智能是什么

测一测　　你知道什么是圆的组织吗?

1. 以下哪种组织形式是圆的?

A. 管理者坐在上座，员工分坐在桌子两旁

B. 领导先表明讨论的“风向”，其他人才参与进来

C. 即使领导在场，大家也都自由地表达各自的看法

D. 哪怕是很普通的结论，都需要领导审批

2. 圆形组织应该更多地使用以下哪种反馈方式?

A. 坦诚地告诉别人哪里做错了

B. 提出肯定意见，但含糊其词

C. 以传递信息为主要目的

D. 给出具体的正负面反馈，将焦点集中在想法、产品或行为上，而不是性格或能力上

3. 以下哪种类型的领导更适合圆形组织?

A. 直接告诉员工要做什么和为什么这么做

B. 对总体方向提出强劲而充满活力的愿景，并全心投入

C. 通过询问、推动以及建立支持询问的群体和组织结构，在不同的层面上鼓励员工询问

D. 让员工自己寻找出路

4. 如何在组织中打造圆桌模型?（多选）

A. 聚焦于集体决策、反馈和领导力等热点

B. 对退步的原型和进步的原型保持警觉

C. 遏制退步的原型，促进进步的原型

D. 积极运用知识处理和象征性行为这两个工具

扫码下载“湛庐阅读” App，
搜索“高效的组织都是圆的”，
获取问题答案。

你的桌子是什么形状的

提到亚瑟王，你可能会想到卡美洛的辉煌、梅林的魔法、桂妮维亚的魅力，但很难想到他的圆桌。与圣剑传说相比，亚瑟王的圆桌也许不那么浪漫，但它表明了一件事：亚瑟王是一位社会理论家。

也许亚瑟王无法与亚里士多德、托马斯·潘恩（Thomas Paine）或马克思相提并论，但他一直在不断地尝试。亚瑟王想要的绝不仅仅是一个在晨雾中耸立、每座城堡的塔尖上都旗帜飘扬的卡美洛王国，而是一个智慧型的卡美洛王国，一番由智能（intelligence）运作的集体大业。

在亚瑟王统一不列颠，实现和平与繁荣的进程中，圆桌骑士发挥了核心作用，圆桌绝不是为了好看而一时被设计出来的宫廷内部装饰。传统的会议长桌能从巨大的接待大厅的一头延伸到另一头，国王坐在神圣的上座。国王毕竟是国王，坐在上座理所应当，但谁应该坐在国王的右边，谁坐在左边；谁应该坐得近些，谁又要远远地坐在下座呢？坐得远的人说话时需要大声喊才能被国王听到，但没人可以对国王大喊大叫。坐得远的人原本渴望坐到上首，对此他们会说些什么，又会做些什么呢？事实上，在这种情况下，他们会策划阴谋、拉帮结派、挑拨离间，并且会为了争抢地位而大打出手。

亚瑟王知道，这样一群躁动不安、满怀怒气的人无法维持国家秩序。因此，他萌生了一个很简单的想法：使用圆形会议桌。骑士们围绕着圆桌而坐，这样所有的座位就都没有高低贵贱之分了。

但亚瑟王不只是想避免骑士们因争吵不休而堕落，他还想让他们成为一个智慧的集体。骑士们将与亚瑟王平等对话，并提出建议、进行质疑、探讨问题及达成共识，以解决国家事务。圆桌不仅是这种合作精神的象征，也使事情变得更加简单：坐在圆桌旁，骑士们彼此之间保持着合理的距离，非常适合交谈。当然，亚瑟王自己也得坐在圆桌的某个位置上，不过，谁坐在他身边此时已经不重要了。

在当时来看，这一想法既美好又务实，到现在依然如此。实际上，无论是在会议室、陪审团室、飞行人员待命室，还是在团队办公室，甚至是在公司茶水间临时召开的会议上，我们都能感受到座位的象征意义。我们可能不愿意看到与同事争执到要动手的情形，但如果领导坐在长桌的一端，就会不可避免地引发有关员工地位的不安，也会带来必须大声讲话才能被人听到的实际问题。当人们一起努力解决问题或进行构想的时候，无论是在象征意义上还是在实际功能上，圆桌、方桌或近似方形的桌子，仍然最具优势。

割草机悖论

我停下手中的工作，将视线从计算机屏幕上移开，向楼下的草坪望去。周末刚下过一场雨，现在草坪需要修剪了。但与其修剪草坪，我更愿意思考如何修剪草坪的问题。于是，我又想到了亚瑟王。

假如我们拥有亚瑟王那样的地产，拥有一片像卡美洛城堡里那样的草坪，那么修剪这片草坪需要花上好多天的时间。但如果从亚瑟王的圆桌骑士中抽调 10 个人，让他们用割草机修剪草坪，那么理论上这将会比一个人修剪草坪快 10 倍。不过，实际上可能并没有 10 倍那么快。社会学家曾发现一种现象，并将之命名为“社会惰化”（social loafing），又叫社会懈怠，即在很多情况下，将更多的人添加到一支团队中，每个人所付出的努力都将会略有减少。因此，10 个人加在一起的速度可能只有一个人的 8 倍。

对修剪草坪来说，这没有什么问题。但现在想象一下：10 位骑士一起讨论设计一台新割草机。可以肯定的是，他们的速度不会是一个人的 8 倍或 10 倍，甚至有可能比一个人专心致志地工作还要慢。其实，一起修剪草坪比一起设计割草机要容易得多，这就是割草机悖论。

割草机悖论：集中进行体力劳动通常相当简单，而集中进行脑力劳动则往往相当困难。

割草机悖论并不难理解。体力劳动可以分成不同的部分，然后分配给不同的人，比如将卡美洛城堡的草坪分成不同的“包干区”。但对于脑力劳动，我们通常难以界定“部分”的概念，因而很难对其进行有效的分配。而且，我们为了在核心问题上显示出“人多力量大”，通常不愿将脑力劳动进行分解。即使出于最美好的意愿，集中进行脑力劳动也绝非易事。

亚瑟王想到的圆桌，是向解决割草机悖论迈出的一小步。圆桌使得集中进行脑力劳动变得稍微容易了一些，也使得团队变得更具智慧。将所有的脑力资源集中到产品研发实验小组、决策团队、编程团队、营销团队、规划委员会或大学等，集体智慧的潜力似乎将是无穷的。但怎样才能发挥这种潜力呢？正如亚瑟王意识到的一点：这并非易事。

以前，我大部分时间是作为一名认知科学家兼教育学家来研究学习、理解、思考和智能的。我的大部分工作与思想家和学者有关，其中既有成人，也有孩子。在《出类拔萃的 IQ》（*Outsmarting IQ*）等书中，我提出智能不仅仅是神经效率问题；智能不仅与思考能力有关，还与审时度势的敏锐程度有关；以及如何变得更具智能。不过，个体智能只是复杂的认知系统的一部分。我们是社会动物，几乎总是集体行动。很多事情不仅要求我们集中利用体力，还要集中利用脑力，这在当今社会尤为明显。在很多方面，这种集互动性、集体性和群体性为一体的智能，即组织智能，比个体智能更重要。

认知科学和相关学科既研究个体智能，也研究群体和组织智能。这些研究能帮助我们解决割草机悖论。“信息处理”这一概念既适用于个人，也适用于集体。研究人员从个人思维和集体思维两方面，对解决问题和制定决策的基本要求进行了说明。而学者则确定了组织智能的重要组成部分，如能推动深思熟虑的合作的促进型领导。一些商业概念，如“实践社区”（又称“知识社群”）和“知识管理”等，阐明了信息如何在组织中以面对面或数字的形式进行有效的传播，以服务于实际行动。这些概念有助于我们了解有多少个人智能可以转化成组织智能。

本书的目的在于推进亚瑟王的梦想：通过仔细研究割草机悖论，从理论和实践两方面阐释组织智能。在讨论这一问题之前，我们要认识到，亚瑟王并不是唯一拥有这一梦想的人。纵观人类历史，我们一直在思考如何集思广益，而不是简单地凑到一起。接下来，让我们先来了解更多此类梦想。

雅典式民主

公元前 6 世纪末，民主诞生于雅典。民主并非雅典哲学家的开明思想，而是由克里斯提尼（Kleisthenes）切实构建起来的。克里斯提尼是一位政治家，曾卷入本家族与敌对家族的权力斗争之中，在当时，敌对家族占据着上风。

为了解决问题，克里斯提尼采取了一种几乎自相矛盾的手段。他提出了新的法规方案，赋予雅典和郊区阿提卡（Attica）的人民巨大的权力。人们对他提出的方案表示欢迎，并最终推翻了他的敌对家族的统治。而由克里斯提尼的宪法所产生的政府形式，以及后来在此基础上进行的完善，被称为“民主”，英文写作 democracy。这个词源于希腊语 démokratia，其中，démos 的意思是“人民”，kratia 的意思是“权力”，所以民主的意思就是权力掌握在人民手中。

当然，以现在的标准来看，雅典的民主并非十分公平。当时，只有雅典的成年男性公民才能参政，女性、奴隶以及外国居民（即使是长期居住）都无权参与，虽然在很多方面，他们所受的待遇比同时期其他文化地区的居民要好。此外，雅典的民主也不完全精密高效。雅典公民大会（Ekklesċa）大约每 10 天举行一次，会议维护集体意志，并批准相关法令。待批准的法令是由五百人会议（Boule）起草的，这个机构类似于参议院，由 500 名成员组成，几乎每天都要召开会议。而执行委员会则由 50 名轮值行政人员组成，他们负责整理众议院的工作。除了立法，司法系统会接管无数个法律案件，同时对法律解释进行裁定。这与现在美国的最高法院区别不大。每次开庭，至少有 201 名陪审员参会，最多时可达 2 500 名。

虽然如此之多的人肯定会影响效率，但他们展示了组织智能惊人的一面：汇集众人的观点，能避免因特殊利益而导致的偏见。由此而制定的决策，总体上有利于雅典人民。这一原则在某些方面得到了充分的发挥。从整体上来说，克里斯提尼建立的政府将雅典公民分为 10 个地域部落。地域部落的划分刻意打破了家族的权力范围和地域利益：每个地域部落都有来自阿提卡平原、沿海和山区三个地区的人，在过去这些人一直是相互敌对的。为了让穷人也能参政，政府规定每个参加公民大会的人都会领到一小笔津贴。

地域部落调节着雅典参议院，即五百人会议代表的平衡。此外，五百人会议的成员每年会通过抽签的方式产生，而不是通过选举竞选的方式。五百人会议的执行委员会差不多每月都会由 10 个地域部落轮值一次。通过抽签进入五百人会议的普通公民，如果当月恰逢又是执行委员会的成员，那么他们就可以领导国家。

为了保持地域部落之间的平衡，陪审员也是通过抽签产生的。正如前面提到的那样，陪审员人数众多，每次开庭至少有 201 名。他们都是在开庭之前选举产生的，这样就不会出现贿赂陪审员的情况了。陪审员是有偿出席的，这样能保证穷人也能发表自己的观点。陪审员的选举方式是公开投票，这种形式后来发展成不记名投票。

雅典的民主无疑是一项伟大的创造，但并不纯粹。公元前 399 年，苏格拉底因遭到“对神不敬和败坏青年”的指控，被雅典陪审团判处死刑。苏格拉底认为，民主将政府交给了普通人民，所有人的观点都是平等的，虽然他们的智慧程度可能各不相同。当初，美国宪法的起草者在研究了雅典和罗马的民主制度之后，最终倾向于罗马模式。他们认为，诉诸热情而非理性，过于轻易地俘获了大多数雅典人的激情，导致了某种形式上的暴民统治。他们还认为，较短的任期会造成政策的不连贯，还会削弱个人问责制度的有效性。

现代民主制度与雅典民主模式不同，尤其是在人数、专业性以及参与者的延续性等方面。不过，人们仍然在努力让不同的人都能参与决策制定，使得特殊利益的偏见最小化。当然，这种努力有时候会成功，有时候则没那么成功。正如 2 500 年前的雅典一样，无偏见的集体观点作为一条指导性原则保留至今，这一原则在陪审团选举、国家大选，以及董事会、股东大会和工会选举等方面，仍然发挥着作用。

平息冲突的荷欧波诺波诺

我们先来看下面一个场景：

柯罗哈先生一开始与家里正在发生的事情并没有关系，但他还是通过冷静而客观的态度促成了大家的沟通。他先让十几岁的女儿柯莉详细地解释了一下自己为什么要大喊大叫，柯莉照做了。之后，柯罗哈先生将柯莉的话转述给其他家人。他又问柯莉，是否觉得刚才的脾气发得不是时候，柯莉承认确实如此。柯罗哈先生又将柯莉的话转述给家人。接着，他又询问了柯莉一些问题，柯莉也做了回答，而其他家人则在一旁听着。

事情发生的时候，柯罗哈太太也在场。柯罗哈先生向太太求证柯莉的叙述是否无误。柯罗哈太太大体上表示同意，但做了一些补充。柯罗哈先生又向柯莉确认，柯莉基本同意。

现在轮到柯罗哈先生的另一个女儿柯洛了。柯洛已经十几岁了，对于这件事情，她又会如何叙述呢？

忽略以上几段话中的名字，这样的对话在世界上的任何地区、任何文化中都有可能发生，即通过某种程度上的集体认知互动，让人们报告事件经过、反映情况并进行评价，从而化解冲突。不过事实上，上面这种对话有特定的时间和地点背景：1985 年，E. 维多利亚·舒克（E. Victoria Shook）描述了夏威夷原住民的一种做法，当地人称之为“荷欧波诺波诺”（ho'oponopono），意思是“矫正”或“改正”，这是一种深层心理治疗法。

在欧洲人抵达夏威夷之前，荷欧波诺波诺的传统是夏威夷文化的一种特色，但到 20 世纪 50 年代几乎消失了。20 世纪 60 年代初，致力于解决社会问题的专家设想维护并寻求借鉴夏威夷丰富的文化，因而人们开始尝试恢复这门技艺，其中非常重要的一部分就是对合作及和谐的热情投入。1972 年，玛丽·普奎（Mary K. Pukui）、E.W. 哈提格（E.W. Haertig）和凯瑟琳·李（Catherine Lee）在他们的书中，赞扬了夏威夷大家庭的团结、共同参与精神以及共同承担责任的态度。这是一种相互依赖和相互帮助，人们既能提供支持，也能感受到支持。这是一种团结和凝聚力。这是爱，更是忠诚。这些都由血缘关系所环绕。

荷欧波诺波诺是反映这一传统的一面镜子。它往往在团体遭遇困难后才开始进行。夏威夷语中有一个形容人们在这种情况下体验到的负面情感纠葛的专用词汇：hihia。当一个人冒犯他人的时候，hihia 就会像杂草一样蔓延，就像前面提到的柯莉大喊大叫所引发的情况。hihia 不仅指某一次冒犯，还指情况恶化的方式：我骂你一句，你打我一下，我再找时机还手。这样，双方很快就会结怨，生活也会被负面因素纠缠，变得不再和谐。负面的纠缠最初可能是由实质性的问题引起的，之后会扩展到方方面面，最终，真正的问题和最初引发这一切的事件就发展成相互攻击的历史根源。

舒克强调了荷欧波诺波诺高度结构化的特点。探究式对话的目的是找出最初的冲突及其恶化的方式，可能还会排除一些纠缠因素。整个过程可能一次性完成，也可能分次完成。

对话的促进者，如上文例子中的柯罗哈先生，起着推进的作用。促进者会让参与者畅所欲言，然后向其他人转述，以强调重点，在寻求确证之后，还要努力指出分歧所在。促进者作为一个冷眼旁观者，其作用就像暴风之眼一样。参与者面对的是促进者，而不是其他可能与自己有矛盾的人。找出负面的纠缠并进行探讨之后，促进者会引导参与者针对过错进行忏悔，寻求对方的原谅，通常是敌对双方互相进行，因为负面的纠缠很少只由一方引起。在必要的情况下，促进者会在参与者忏悔和得到原谅之后，设法对其进行补偿。

亚瑟王关于圆桌的构想，考虑的是为了共同事业而一起奋斗的人。而在解决家庭紧张关系的重要案例中，荷欧波诺波诺则发挥着同样的作用。但荷欧波诺波诺不仅适用于解决家庭矛盾，还适用于政策倡议、会议安排、预算分配、晋升决策等各种情况，因为在这些情况下紧张关系都有可能产生。一轮又一轮的抱怨和指责很可能会不断升级。领导者通过引导具体的、反思性的讨论，并允许不同的观点出现，才能通过大家集思广益来培养洞察力，促进实际行动。荷欧波诺波诺冷静而审慎的过程只是一个例子，它说明了在不同的时间和地点，文化是如何通过结合人类智慧来解决问题的。

“帕劳号”事件中有效的命令层级

汽车、卡车、火车都有刹车装置，但船没有。大型海运船只无法在短距离内停下来，对于船只来说，最接近刹车的方法是让螺旋桨反向旋转，否则船只仍会继续前行数公里，直到因水作用于船体的摩擦力而最终停下来。

由此看来，当年美国海军部队和直升机的大型运输舰“帕劳号”（Palau）失去了蒸汽压力和所有推动力，的确是一个很严重的问题。当时，“帕劳号”

正以约 10 节[①]的速度沿着一条狭窄的航道航行，靠近圣迭戈港。蒸汽动力不但为螺旋桨提供动力，也为舰艇上的发电机提供动力。发电机产生的电能带动电动马达，转动船舵。因此，故障中的“帕劳号”不仅没有刹车，人们也无法控制船舵！尽管如此，故障出现 25 分钟之后，“帕劳号”又前行了几公里，最终安全地抛锚，停了下来，不过稍微偏向了航道一侧。

1995 年，埃德温·哈钦斯（Edwin Hutchins）在《荒野中的认知》（*Cognition in the Wild*）一书中讲述了这个故事。除此之外，书中还有很多虽没有如此戏剧化但同样发人深省的故事。哈钦斯解释道，“荒野”指的不是丛林或草原，而是日常工作场景。通常而言，心理学家的实验室是经典场所，能从很多方面揭示人类记忆、感知、推理、学习及其他基础心理过程的场景。然而，哈钦斯坚持认为，只有仔细研究人们在现实情况下进行复杂合作活动时发生了什么，才能真正地理解认知。哈钦斯当时是美国海军的一名平民研究员，他亲自对不同等级和职能的人员之间的协调认知过程进行了深入调查，而这些人员负责的正是海军舰艇在海上正常运行的工作，尤其是领航。

“帕劳号”出现故障时，哈钦斯就在现场。那么，“帕劳号”上全体船员是如何处理这次紧急事件的呢？值班工程师向驾驶台发出第一次警告，在告知蒸汽压力正在下降的几秒钟后，他通过对讲机发布了最终消息：“驾驶台！我现在去检查二号锅炉，以确保运行正常。建议抛锚！”舰长通知水手长，让全体船员做好准备。但“帕劳号”当时还有充足的动力，立刻抛锚根本不起作用。舰艇仍然在前行。

当时，一名初级军官正在领航，他正通过指挥舵手操作船舵来引导舰艇的航向。舰长命令领航员接管主要事务，因为这名领航员在领航方面最富经

① 节（knot），是曾专用于航海的速率单位，后也用于航空。1 节 =1 海里 / 小时，约 1.852 千米 / 小时。——编者注

验。这时候，由于电力不足，船舵没有任何反应。好在还有一个备用装置来移动船舵：船员可以在船尾手动操作涡轮，缓慢地调整船舵的方向。于是，领航员叫大家开始行动。

不到三分钟，其他船员便启动了柴油动力紧急发电系统，为舰艇上的关键系统提供动力。船舵虽然仍不稳定，但比之前灵敏了许多。不过，领航员仍然未掌握正确的方位。由于船舵的反应仍然很慢，领航员一会儿朝左用力转，一会儿又朝右用力转，使得“帕劳号”摇摆不定地在航道中前进，但好在舰艇依然在航道内。而此时，已经可以预测舰艇需要前行多远才能减速以便抛锚。领航员选择了几公里外的一处可能的抛锚点。

在即将到达抛锚点时，“帕劳号”遭遇了一次险情：一艘帆船正轻快地行驶过来，将紧贴着“帕劳号”行进的前方驶过。通常情况下，“帕劳号”可以鸣笛五声来警告这艘帆船离开，但此时“帕劳号”的汽笛也与其他装置一样，要依靠蒸汽压力才能运作。领航员命令航海日志记录员找来一个装有电池的便携式喇叭，然后走到船头发出警告。同时，舰长启动了由备用发电机带动的飞行甲板上的公共广播系统。舰长检查了一下，确保至少甲板上的船员能听到，然后开始广播：“即将经过‘帕劳号’前方的帆船请注意……我们的动力系统已失灵。你们如果要经过，会有危险。我们的动力系统已失灵。”与此同时，航海日志记录员也成功地找来了便携式喇叭，但他无法及时跑到船头。于是领航员让一名初级军官传话，让记录员就地发出警报。随后，船上响起五声微弱的警报声。

“帕劳号”上的军官和其他船员无法得知，他们采取的策略中是否有一些成功地警告了帆船上的船员，使得他们调整了航向，因为当时帆船已被“帕劳号”巨大的船体遮挡，根本看不到。但不管怎样，帆船最终从“帕劳号”的一侧驶过，没有发生碰撞。几分钟后，“帕劳号”在选定的地点抛锚了。哈钦斯将这次戏剧性的事件总结如下：

> “帕劳号”能安全到达抛锚点，很大程度上要归功于驾驶台掌舵人员精湛的航海技术，尤其是领航员。但没有哪名船员是单独行动的：无论是舰长、领航员，还是监管领航团队的总舵手，任何一方单独行动都无法将舰艇控制住并使其安全抛锚。执行这一任务需要多方面的智慧，其中一些是同时进行的，一些则要互相协调；一些是大家想到的，还有一些很显然不在大家的设想范围内。

“帕劳号”经历的事件，阐释了集思广益的一种最常见的做法，即存在于公司、政府、部队等机构中的一种基本组织结构：命令层级。简单地说，命令层级类似于“大脑与身体”的结构：大脑是“领导”，负责发号施令，其他部位则通过手脚来服从“领导”的命令。然而“帕劳号”的故事表明，有效的命令层级的运行方式很不一样。“帕劳号”事件中的许多下属军官和船员，远不止手脚行动那么简单，他们必须清楚自己的职责，并在各自的职责范围内审慎行事。舰长也没有自作主张，而是将控制局势的权力交给了领航员，因为领航员当时最适合掌控局势。解决方案也不是完全由舰长一人制定的，而是多重解决方案同时进行。例如，部分船员手动操作船舵，另一些人则去重启柴油发电系统；当舰长用公共广播系统警告帆船离开时，领航员则让航海日志记录员尝试使用便携式喇叭。“帕劳号”的军官和全体船员在多个层面上、以多种方式通过技术审慎地执行命令层级，对同一状况做出响应，这是组织智能的标志，绝非像大脑指挥身体的过程那样简单。

对于商界和政界的一些评论家而言，“层级”的名声最近不太好，它过于陈旧，不灵活也不民主，因而不够智能。不过，智能也要看最终结果如何。例如，部门经理可能作为齿轮，连接着主发条和分针，或者说决策和执行。部门主管可能通过规章制度来管理，或者在聆听后做出决定，进而指导员工。首席执行官可能高高在上地发布指令，或者在承担重大决策责任的同时，能在自己与他人的观点之间找到平衡。层级可以充满智能，民主可能很愚钝。重要的不仅仅是结构，还包括其中的人员及其行事方式。

无效的互动模式常占主导地位

圆桌、雅典式民主、荷欧波诺波诺、有效的命令层级，这些都是亚瑟王的美好梦想，但它们何时能成真呢？实际上，亚瑟王本身差不多就是一个梦想。历史学家搞不清楚亚瑟王的历史原型是谁，也不确定他是不是个好人，因为在有些故事里，他并不是个好人；更有甚者，到底有没有亚瑟王这么一个人也是个问题，而关于他是否喜欢圆桌的研究更是少之又少。至于圆桌和割草机悖论的其他解决方法，这些梦想真正能带给我们多少启示呢？

日常经验表明，理想超越现实。很多时候，群体的智慧更多的是混乱、对抗和低效，似乎还不如普通个体成员的智慧。很多群体、团队和组织似乎既缺乏流程智慧（process smart），又缺乏人员智慧（people smart），即他们既不能有效地搜集信息、解决问题和做出决策，又不能为了共同的目标和愿景而集体思索，共同合作。

巴巴拉·塔奇曼（Barbara Tuchman）在《愚政进行曲》（*The March of Folly*）一书中讲述了集体失智的历史。她所举的例子包括：蒙特祖玛（Montezuma）和整个阿兹特克（Aztec）民族"成功"地让科尔特斯（Cortez）和 600 名西班牙士兵征服了自己；乔治三世及其政府无视明显的警告信号，搞砸了与美洲殖民者之间的关系，直至引发革命，最终失去了控制权。塔奇曼所列举的愚行史实，很明显都是集体参与的产物。灾难性的政策和决策无法反映单个人的思想和声音，因为许多人都参与其中，包括那些发出灾难警告的人。

对企业界进行报道的作者同样记录了很多不明智的集体行为事件。克里斯·阿吉里斯（Chris Argyris）和唐纳德·舍恩（Donald Schön）在《组织学习》（*Organizational Learning*）一书的开头提到，曾有一家大型公司由于未及早地放弃某款产品，结果损失了数亿美元。而事实上至少在6年前，公司中的一些人就意识到，在保证成本效益的情况下继续保质保量地生产这款产品非常困难。然而，公司文化竭力反对组织智能。公司中等级较低但对问题了解更多的人很清楚，公司高管不想听到没有良好的解决方案的严重问题，而当时他们也确实拿不出解决方案。因此，他们以一种委婉的方式向上级进行了汇报。管理层注意到了存在的问题，但并没有意识到问题的严重性，因此继续为该产品提供有力的支持。看到高管决意坚持下去，下级员工就放松了。后来，问题发展到了无法忽视的地步。此时，每个人都认清了现实，但为时已晚，数亿美元已经打了水漂儿。

其实，我们都遭遇过类似的情况，至少在小规模上遭遇过，如家庭纷争中没有荷欧波诺波诺来帮忙化解，没完没了的会议，始于友情和热情的伙伴关系以敌对关系告终，等等。这不难让人想起一句俗语：骆驼是由委员会设计的马①。我们身边其实经常能看到“骆驼”。

集体愚行的历史，无论规模大小，无论关乎他人还是自己，都指向了本书所谈及的基本问题，这实际上是一个“三合一”的问题：

组织智能是什么，它为什么难以获得，我们怎么样才能获得更多组织智能？

这个“是什么—为什么—怎么样”的问题，正是本书所要探究的内容。出发点虽然很简单，但它有着丰富的内涵：组织或团体的智能，反映了成员之间的对话状况，从广义上来讲，对话包括各种互动。如果没有对话，一群人只是各干各的。有了对话，我们将得到一支团队。根据对话的质量，团队可能充满智慧，也可能不那么智慧；可能很灵活，也可能很死板；可能富有

① 英文为A camel is a horse designed by a committee，比喻的是在群体决策中，有太多相争的意见导致事情停滞不前、缺乏效率。——编者注

创新能力，也可能因循守旧；可能做事很讲究系统性，也可能杂乱无章；可能令人愉悦，也可能令人压抑；等等。

那么，我们能否获得更多的组织智能呢？当然能，但是它是有条件的。这个“但是”反映了这样一个事实，即无效甚至具有破坏性的互动模式经常占据主导地位。对话通常会向事与愿违的方向发展，倾向于专制、神秘、敌对、狭隘或令人困惑等。而通过思考和努力，更好的对话模式会产生，以扭转这种不良的局势，从而建立更智慧的集体。

接下来，让我们来探讨一下组织中的对话。

KING ARTHUR'S ROUND TABLE

第 2 章

组织由对话构成

对话促进集体思想的联结

我的朋友兼同事，同时也是商界学者的欧内斯托·戈尔（Ernesto Gore）跟我分享了一个有关组织的颇具挑战性的表述，他说："组织是由对话构成的。"

这正是我所寻找的：用一句简单的话来表达一个基本事实。我们不妨想一想，希腊的议员、"帕劳号"的舰长和全体船员，以及使用荷欧波诺波诺的夏威夷家庭，他们使用的都是对话。再想想约翰·肯尼迪、迪安·腊斯克（Dean Rusk）、罗伯特·麦克纳马拉（Robert McNamara）[①]，以及在 1962 年 10 月共同商讨的其他人，当时美苏之间的核战一触即发，他们使用的同样是对话。还有"根回し"[②]，这是日本的一种非

① 迪安·腊斯克，曾于 1961—1969 年担任美国国务卿；罗伯特·麦克纳马拉，曾于 1961—1968 年担任美国国防部部长。——编者注

② 相当于中文的"事先沟通""提前打招呼"等，源于苗木领域术语，原指在移栽树木前，为了使之能发出新根，先将主根之外的须根剪断。——编者注

正式的、友好的建立和测试共识的方法：不同利益群体之间先进行若干小型会议，到了正式会议时，提案可以顺利通过，这样就避免了尴尬和冲突，这中间使用的仍然是对话。还有沙特阿拉伯的议会传统，人们可以与政府成员进行有挑战性的讨论，这里使用的还是对话。再比如希腊参议院、罗马参议院以及英国议会、美国国会、以色列议会；现代工会的原型：中世纪的手工业行会；现代商会的前奏：中世纪的商会，它们使用的仍然是对话。当今公司中的董事会议、销售会议、战略规划过程、讨论小组、任务小组以及职业调查，使用的同样是对话。

戈尔的观点很有道理。生物学家、控制论专家温贝托·马图拉纳（Humberto Maturana），以及商业学者兼顾问费尔南多·弗洛里斯（Fernando Flores）等人也提出了同样的观点。一些现代概念，如知识管理和实践社区，从通过各种媒体的不同对话来共享知识和技能的角度，描绘了社区和组织生活。在一项针对组织内部改变（无论成功与否）的分析中，约翰·福特（John Ford）和劳瑞·福特（Laurie Ford）夫妇对关键对话如何展开以引发变革、建立理解、指导实践以及实现目标等进行了研究。

再说回亚瑟王。亚瑟王的梦想是让人们集中到一起，顺利、高效且充满智慧地协调彼此的思想和努力。但这样的集体何时才能发挥作用？什么能将他们联系在一起呢？事实上，正如神经元将大脑的各部分联结起来一样，对话能将群体和组织的各部分联结起来。也就是说，对话是联结集体思想的虚拟神经元。

对话质量很关键

戈尔关于对话的观点让我回想起若干年前的一件事。当时，我曾为两家有名的公司提供有关教育设计的咨询服务。这两家公司都对技术和学习感兴趣，姑且分别称为“图像技术公司”和“视觉技术公司”吧。

对于这两家公司，我都曾与他们的设计团队进行过多次会面，有时还包括部门领导，他们对方案的进展十分关注。从一开始，我就对两家公司对话质量的差异感到震惊。

在图像技术公司，部门经理伊恩在场时，一开始大家似乎没什么话说。当伊恩说了一大堆表明“风向”的话后，其他人才开始更多地参与进来。有些人可能会稍微挑战一下伊恩，提出自己的顾虑或困惑，但他们通常只会在厘清自己的思路之后才这么做。而当伊恩不在场的时候，大家的对话则更为活跃。但哪怕是很普通的结论，也都需要伊恩审批。设计团队的某位成员可能会说：“我觉得接下来应该这样做，但还是跟伊恩确认一下比较好。”

与图像技术公司相比，视觉技术公司的对话风格迥异。部门领导弗农在场的时候，没人会等他发表观点，而是自由地发表各自的看法。弗农会与其他所有人一样参与到对话中，如果有问题，他会稍做停顿，先让其他人发表观点。当然，弗农仍然是领导。如果某件事情难以决断，他会先倾听大家的看法，然后再做决定。

无论弗农在场与否，对话的结果通常是行动计划。弗农不在场的时候，没有人提出要在行动之前与他确认，除非事关重大。有人可能会这么说：“我们会告诉弗农已经做到哪一步了，如果他觉得有问题，可以指出来，我们会重新思考。但现在，让我们先开始行动吧。”

戈尔提出，组织是由对话构成的。这种说法的确没错，但对话的质量差异会造成不一样的结果。

当然，组织是否由对话构成，取决于“对话”的含义范围。本书实际上讨论的话题是“分布式认知”（distributed cognition），即认知在集体中的分享以及所使用的技术工具，如手机和计算机，就像埃德温·哈钦斯对“帕劳号”出现紧急状况时全体船员的反应的分析那样。戈尔所指的不仅仅是小组会议，还包括反馈环节、发收指令、交换备忘录以及制定政策等。其中，有些是面对面进行的，有些则是通过电话、纸条或电子邮件进行的。用一个比“对话”更有总结性且更正式的术语来说就是“互动”，也就是说：

组织是由互动构成的，互动是联结组织的虚拟神经元。

你的桌子有多圆

想象一下如下情形：亚瑟王化身一位组织顾问。他接手各种各样的组织的咨询请求，如中小学、大学、公司、政府部门、俱乐部等。他总会问客户同一个问题：“你们的桌子有多圆？”这是他探查对话质量的方式：是圆桌式的对话方式，还是宫廷长桌式的对话方式，抑或是其他类型的对话方式？

采用某种更有技术性的方法来描述对话如何联结集体、助人思考及共同工作，通常很有用。“进步的互动”（progressive interactions）和“退步的互动”（regressive interactions）之间的反差就能揭示这一点。措辞背后的隐喻很简单：“进步”能带来进步，“退步”则会让事情进展缓慢甚至倒退。当然，这里的“进步”指的是组织智能的前景。

进步的互动：流程和人员都是智慧的。

流程智慧是指，通过进步的互动交换信息和观点，以促进明智的决策、良好的解决方案以及高瞻远瞩的计划的实现。人员智慧是指，通过进步的互动增强团队凝聚力，促进大家合作并期待共同做更多的事。团队内部难免仍然会有冲突，但其实某些冲突也有建设性，而且其产生的凝聚力远超想象。

如果亚瑟王去过前面提到的视觉技术公司的有关部门，他会对自己所看到的情形感到欣喜。他会发现一张圆桌，大家围绕着圆桌随时准备讨论，进行深思熟虑的探讨和创造性的探索，并做出合理的决策。他会发现一群愿意共同工作、共同前进的人。换句话说，亚瑟王会发现流程和人员皆智慧的对话、进步的互动以及组织智能。他可能会册封视觉技术公司的员工为“新圆桌骑士”，尤其是弗农，毕竟是弗农在这个部门内创造了这种文化。

与之形成鲜明对比的则是退步的互动。

退步的互动：流程和人员都是低效的。

在流程上，退步的互动通常以狭隘、混乱且拘谨的方式交换信息和观点，导致关键信息缺失。计划内容会不够全面，所做的决策会带有倾向性。在人员上，退步的互动会催生一种“离心力”，使得大家由于不满、敌对和缺乏远见而彼此疏离，而不是团结起来。

如果亚瑟王去过前面提到的图像技术公司的有关部门，他会看到一张很长的宫廷式长桌。即使伊恩不在场，他的影子也依然笼罩着整支团队：大家小心翼翼地探索不同的可能性，人人都很拘谨，甚至相互怀疑。他们在对话当下还能坚持下去，但从长远来说，他们宁可做其他事情。换句话说，这种对话在流程和人员上都不是智慧的，更别说组织智能了。亚瑟王肯定不希望这些人加入他的“新圆桌团”，而且他可能会认为伊恩是个“黑暗骑士”，因为是伊恩创造了这种消极的文化。

进步的互动和退步的互动之间的差异在于互动方式是否便利。这为我们提供了一种更确切的方式，对“你的桌子有多圆”这个问题进行分析。

首先，它简单易用。回想一下最近一次与子女、父母、爱人、老板或雇员的严肃对话。回忆一下最近一次参加的会议。回顾一下与自己所在组织的管理者互动时的感觉，如财务部、人事部、采购部的管理者等。我们不难做出判断："很进步"，或"不怎么进步"，或"完全退步"。作为社会动物，我们对这些事情都有自己的感觉。

其次，前面提到的事例有父母与子女之间的对话，也包括职员与采购部门管理者的对话，可见，"进步"或"退步"的衡量方式几乎适用于任何互动场景，想用的时候就可以用，它很可能会使这种差异更显著。

最后，它带来的结果很重要。想象一下，在大厅里与他人会面，在茶水间与人聊天，参加会议，与同事合作，给新同事提建议，以及在大厅另一头的办公室里想出创新方案……如果这些"对话"——探索、决策、计划、推测、点评、辩论、提案等，大多数都以一种进步的方式进行，那么这个组织难道不是充满智慧的吗?

流程智慧与知识处理

信息处理是当今认知科学领域的"万能胶"。从感官输入到语言和行为的输出，人类有机体可以被模仿成一个复杂精密的信息处理系统。我们处理信息的程度，如视觉和听觉的敏锐度、记忆的可信度、预测即将发生之事的洞察力、设计替代计划和产品的想象力等，共同构成了或智慧或不那么智慧的行为。

信息处理同样适用于两人及群体之间的互动。然而，"信息"一词过于单薄且枯燥。神经元将大脑的各部分联结起来，但人和人之间没有"神经电缆”联结。通常，我们会讨论观点，分享见解，汇集思想。

因此，我更倾向于用“知识处理”这个词，而不是“信息处理”。当然，这两个词之间并没有太大的实质性区别，相同的逻辑要点对二者都适用。只不过“知识处理”听起来似乎更有诗意，也能更完整地表现对话的丰富性以及富有意义和人性等特征。

实际上，人与人之间进步的互动需要良好的知识处理。但“良好”是什么意思呢？良好的知识处理这一概念，听起来可能像一系列令人摸不着头脑的“观念大杂烩”。但其实不然，它需要我们对这些知识逐个进行分析，而不是幻想获得一流的认知。

为了论证这一点，我们先来简单地探究一个相关案例：一个高风险决策，一个你能想到的最根本、最重要的想法，当然也是组织和群体生活中的热点。无论是我的决定，还是你的决定，或是我们两个人共同的决定，抑或还有其他人参与，知识处理是制定决策的基本要求，这一点毫无疑问。原则可能会有所不同，但最终结果基本都一样。

几年前，我组织了几场非正式的研究，内容是关于为了做出良好的决策，成年人所选用的实用流程知识。我请参与者尽可能地解释自己是如何努力做出艰难的决定的，并在他们可能想不起来时给一些提示。大家都有很多话说，并且提出的不只是一两个热门小建议，而是深刻的实用经验以及一长串对策，这说明人们在面对生活中的重大决策时，会不可避免地进行心理上的挣扎。

这些参与者所说的包括如下耳熟能详的行事指南：罗列各项利弊；问自己真正想要的是什么；抛硬币决定；相信自己的直觉；先睡一觉，第二天再说；与好友探讨；与有经验的人商量；综合考虑各种意见；获取更多信息之后再做决定；回想一下曾经犯过的错误以避免再犯；等等。其中有些想法与其他想法在逻辑上存在冲突，如罗列各项利弊与相信自己的直觉。但实际上，这好像并没有给人们带来多少困扰。同一个人可能会提出两种或更多的想法，因为在实际生活中，该怎么做取决于当时的情况。

参与者还提到了一些不那么普遍的想法，比如“散散步，撸撸猫……做一些无关的事，来清理一下大脑”或“跟我的猫说说话”等。这些想法听上去可能很个人化，但也有实际用途：猫会让人感到舒服、放松，而且它们是富有同情心的聆听者，找猫倾诉比找治疗师省钱得多！还有人会采取其他策略，如发挥想象的力量。“假如你能控制一切，你会怎么做？”“假装你已经做出了决定，然后这样度过一天。那将会是什么样的感觉？”没有人只提出一两点就草草结束。

这些人的想法可以分成两大类：一类是四大“普遍举动”，在一定程度上可以按顺序进行；另一类是四大“普遍需求”，自始至终都需要关注。“普遍举动”和“普遍需求”结合在一起，就是在决策过程中进行良好的知识处理的秘诀（见表 2-1、表 2-2）。

这些都是针对个人而言的，那么群体呢？在多方参与的互动环境下，普遍举动和普遍需求非常适用于其中的知识处理。如果是亚瑟王和圆桌骑士，他们需要探索创造性的观点，预测短期和长期的结果，留意各种积极和消极的因素，并对各种因素加以权衡，以选择行动方针。群体需要找出信息，避免狭隘的观点，并在复杂的情况下处理诸多因素，还要顾及成员的情绪。换句话说，普遍举动和普遍需求阐释了群体做出良好决策所需的知识处理。

当然，在一定程度上，何为正确的做法是由现实情况决定的。当人们有时间进行思考时，前面所说的决策方法就是有道理的。而在危急的情况下，其中一些好方法会变得“奢侈”，此时合理的捷径就会登场。

这个寓意针对的不只是决策，而是任何对群体有意义的思考。事实上，还有很多其他的集体思考类型，如谈判、小组计划、制定制度、协作等，所有这些都为进行更好的知识处理提供了机会。

通过逐个分析，我们能识别处理得当的知识处理模式，并让这些模式发挥作用。

表 2-1　四大普遍举动

举动	局限
找到显而易见的选择之外的选择：有创意的选择、混合的选择	容易过分关注已有选择，而忽视隐藏选择。老话说得好：“在两个选择中，选择第三个。”
预测有希望的选择可能会带来的短期结果和长期结果	容易被短期因素主导，从而忽视长期因素
根据重要的积极因素和消极因素，对各个选择及其结果进行评估	对于喜欢的选择，容易忽视其缺点；而对于不喜欢的选择，则容易忽视其优点。多种因素共同存在时，容易只关注其中一两个
系统地或通过整体直觉来判断该做什么，权衡各方面因素，以做出符合自己优先事项的决定	容易被当时看似特别重要的某一因素所主导

表 2-2　四大普遍需求

需求	局限
信息需求，如来自朋友、技术资源及知识分享系统的信息	我们对生活所呈现的场景并不是很了解
多角度需求，如自己、旁观者及对手等	个人很容易被自己最初的观点蒙蔽
处理复杂事项需求，如通过系统性和直觉来处理可能令人感到混乱的各种可能性和后果	容易迷失在复杂的决策过程中，甚至仅仅为了逃避令人沮丧的复杂性和不确定性最终做出冲动的决定
处理负面情绪需求，这样做是为了找到并维护所需的空间	容易被负面情绪蒙蔽和麻痹，并且被迫做出冲动的决定

接下来考虑一下设计过程。詹姆斯·布赖恩·奎因（James Brian Quinn）在《智能企业》（*Intelligent Enterprise*）一书中写到，开发一款全新的汽车需要五六年的产品设计周期，“因为设计需要在各个环节有序地推进，从产品设计到流程设计，到工厂工程、产品制造、环境管理、监管、财务批准、市场营销、销售，再到配送人员的衔接”。这种顺序似乎不可避免，通常需要一轮又一轮的重新设计，以解决早期未预料到的问题。

20 世纪 80 年代早期，福特汽车公司采取了经过改进的“同步设计”流程，最终开发出金牛座 / 黑貂的生产线。开发组包括了上述各项权益的全职代表，他们进一步推动了这一倡议。这有助于避免旧系统产生的地盘之争以及不菲的返工费用。实际上，部分获益可以从先前确定的决策因素的角度来理解，因为同步设计流程在早期已经选择了更广的视角，知识更丰富，并且对选择的长期后果有更全面的预测和评估。

任何团队，任何组织，任何社群，都可以追求良好的知识处理并促进其实践。这就是流程智慧。接下来，我们再来谈一谈人员智慧。

人员智慧与象征性行为

电影天才奥森·威尔斯（Orson Welles）在 25 岁的时候与人联合创作并执导了巨作《公民凯恩》（*Citizen Kane*），他自己也在电影中饰演了报业大亨凯恩一角。电影中有一个著名的场景：凯恩和他的妻子分别坐在一张典雅的长桌两头就餐，中间没有其他人。这张桌子与亚瑟王的圆桌大相径庭，表明这对夫妻过着截然不同的生活，他们的交流仅停留在最表面。

凯恩的种种行为其实是一种充斥着距离感和权威的姿态，而这样的姿态不仅出现在电影中，在家庭生活中也很常见，甚至在众人都很熟悉的传统文化中也很常见：通常男性家长会坐在桌首位置。此外，公司的会议室中也有类似的传统：首席执行官或董事长通常坐在上首座位。

如果说权威带有典型的行为语言，那么对权威的反叛同样如此。再回到董事长坐在上首座位的同一间会议室，我们可能会在桌子一侧发现一个不安分的年轻人，他有些懒散地坐着。虽然他看起来几乎不能参与到这些上了年纪的同事的非常保守的发言中，但可以肯定，他没有漏掉会议中任何一个字，因为这些东西他可能会用到。

我们再来看一下这种权威传统积极的一面：坚定的握手；平静的语调；压力之下坚定的眼神；今天做出的且需要明天遵守的承诺；做出决定之前先同他人协商，即使最后还是由某人来做决定；指导他人……所有这些以及其他多种交流和行为方式，在任何场合中都很重要：从家庭聚会到工厂车间，再到大学院系的会议，都是如此。

所有这些情况，诠释的都是“象征性行为”。

象征性行为是由我们的言行发出的“侧面”信息构成的。

当下的一言一行，在当下就会产生结果。除此之外，它们还会被人用来解读我们是怎样的人：我们的承诺、态度以及做事风格等。

我们难免会在无意间通过直接的言行传递一些具有深远影响的信息。我们还会解读他人的象征性行为，并且通过自己的言行“创造”象征性行为，让他人进行解读。

即便是来自权威人物的极少数行为，也能通过象征性行为创造或积极或消极的文化。几年前，一家计算机生产商的部门领导曾向我咨询有关提高部门人员创造力的问题。在私下交谈时我了解到，这位部门领导曾宣布过一项问责制度：各组组长必须随时做好准备，对自己所负责内容的进展做出详尽的说明。这位部门领导确实会随机将人叫到自己的办公室。实际上，问题并不在于这个制度，因为大家都可以做到；问题在于，这个制度所传递出的不信任的信息，以及员工随时可能受责难的工作氛围。

我为该部门开办了一次讲习班，介绍了一些创意技巧。随后，我极其礼貌地向这位部门领导解释道："如果您想要拥有一支有创意的团队，那么您需要思考一下您所创造的文化氛围。"此后，他再也没有邀请过我。这件事就这么过去了。

适用于团队内部互动的东西，同样适用于公司和国家在面对公众时的互动。一个极为敏感且经济意义重大的问题是产品召回。消费者不仅审视公司对当前危机的处理能力，还会认为公司的行为代表了其价值观以及未来的发展。强生公司在 1982 年秋天对泰诺中毒事件的回应，可以说是一个经典的正面案例。当时在芝加哥，数人因服用混入氰化物的泰诺而出现中毒症状。强生公司立即采取行动，向公众公布了这一问题，并通知所有地区的所有人都不要服用泰诺，之后更发起了大规模的召回行动。该举措被认为是强生公司高度负责精神的表现。在随后的市场营销活动中，强生公司推出了更安全的瓶装泰诺，巩固了该产品的市场地位。与之形成对比的是 2000 年 8 月发生的费尔斯通轮胎爆炸事件。普利司通 / 费尔斯通轮胎公司（Bridgestone/Firestone）在收到海量投诉之后，才被迫大规模召回轮胎。这向我们展示了，集体的象征性行为是如何传递严重的、破坏信任的负面信息的。

团队文化在很大程度上是通过象征性行为来塑造和加强的。组织理论学家埃德加·沙因（Edgar Schein）[①] 曾经写到，组织文化实质上是人们默认的信念系统，也是人们行为的基础。通常，这样的信念往往并不清晰，不会出现在任务说明书或政策声明中。不过，它们会通过人们的言行表现出来，会通过象征性行为展现其存在感。

总的来说，知识处理和象征性行为这两个概念，凸显了进步的互动与退步的互动之间的对比：

> **进步的互动需要高效的知识处理和积极的象征性行为，这种象征性行为有助于创造凝聚力、信任和决心。退步的互动则与无效的知识处理以及消极的象征性行为有关。**

再回到凯恩，他坐在长桌的一端，离妻子太远了，他和妻子几乎听不见彼此说话，因此两人根本无法进行高效的知识处理。凯恩坐得太远了，从任何角度来看，这一行为都无法被解读为积极的象征性行为。而事实上，凯恩几乎就是退步的互动的原型，而且不仅在这一场景中如此，他在整部电影中都是如此。

互动原型

前面提到的图像技术公司和视觉技术公司向我们展示了一般的互动模式。对于那位需要大家服从的图像技术公司的部门领导，我们都有一种很熟悉的感觉；而对于视觉技术公司的那位积极参与、推动并在恰当的时候做出

① 埃德加·沙因是世界百位最具影响力的管理大师之一，被称为“企业文化理论之父”。他在《新职业锚》中针对职业挑战给出了明智的建议；在《企业文化生存与变革指南》中对企业文化进行了精准的分析。两本书的中文简体字版已由湛庐策划，分别于 2015 年和 2017 年由中国人民大学出版社和浙江人民出版社出版。——编者注

决定的部门领导，我们同样也不陌生。很多人可能会说："没错，我了解图像技术公司的那种情况，也曾经历过多次同样的情况。"但遗憾的是，很少人会说："没错，我曾经在视觉技术公司那种团队中工作过。"

图像技术公司和视觉技术公司的情况远非个例，体现了不同的互动原型。

互动原型：不太正式的说法叫对话原型，是一种得到普遍认可的互动模式，会在不同的场景中反复出现。

换种说法，互动原型其实就是集体生活的"非常嫌疑犯"。我们来集中思考一下决策这个话题。还记得图像技术公司的部门领导伊恩吗？他的下属随时在观望他的举动，在他做出决定之前，大家都感到束手无策。图像技术公司代表了一种普遍的决策原型，可以被称为"专制型决策"。

与之相对的是视觉技术公司，部门领导弗农表现得很低调，并能倾听下属的意见，而且下属虽然尊重弗农的权威，但在次要决策上也能做主。视觉技术公司代表的这种决策原型，可以被称作"参与型决策"。需要注意的是，参与型决策不一定要进行民主投票，领导者参与决策过程即可——弗农仍然是领导。

专制型决策在社群和组织中会反复出现，参与型决策则很少出现。然而矛盾的是，参与型决策比专制型决策更为进步，前者体现了更好的知识处理，并传递出更积极的象征性行为。专制型决策和参与型决策之间的紧张关系，将群体和组织中的决策变成了一个热点话题，就像稍后将谈到的反馈、领导、合作等热点话题一样。

我们不妨用之前构建的决策分析来证明一下参与型决策更为进步。我们可以用表 2-1 和表 2-2 中提到的决策所需要的 8 种知识处理来进行打分。

参与型决策在多数项目上都超过了专制型决策（“+”），但并不是在每一项上都如此（“-”和“？”）。

+ **找到显而易见的选择之外的选择。**参与型决策有利于团队成员畅所欲言地发表观点，在对不同可能性的探索方面比专制型决策更加多样化，而后者往往是由领导主导的。

+ **预测短期结果和长期结果。**参与型决策能集中更多的想法和经验，以预测短期结果和长期结果。

+ **对各个选择及其结果进行评估。**参与型决策能集中利用各种不同的观点，有助于避免偏颇和偏见。

- **做出决定。**参与型决策能引入更多有待整合的信息、想法和观点，因此更难做出决定。即使是由领导来做决定，领导在做出最终决定之前，也需要考虑很多事情。请记住，参与型决策不一定很民主。

+ **信息需求。**参与型决策提供的信息范围要大得多，不过即便如此它可能依然需要来自外界的更多信息。

+ **多角度需求。**参与型决策能建立多重角度，但外界的角度可能也有价值。

- **处理复杂事项需求。**参与型决策自始至终都会让事情变得更为复杂，因为它会扩大待讨论信息、想法和观点的范围。

？**处理负面情绪需求。**参与型决策可以提供情绪支持。而如果团队内部出现了激烈的冲突，畅所欲言的参与方式可能会加剧消极情绪。

总而言之，参与型决策在多数方面都能引导良好的知识处理。不过，它也会为处理复杂事项及做出决定带来挑战性。

有些人由于不愉快的经历，对参与型决策带有负面看法。他们会想起嘈杂的会议现场：原本几分钟就可以做出的决定却花了几个小时，而且还要暂停会议，之后再继续讨论。因此他们得出结论：参与型决策效率低。

其实，这些人错了。如果他们是领导，就会明白，在认真聆听大家的观点之后，做出决定是他们自己的职责。无论是领导，还是参与者，他们都缺乏基本的技能和策略，而这些则是高效处理复杂事项及做出决定所必需的东西。处理复杂事项的策略包括罗列各种可能性及各种利弊，优先考虑真正重要的因素，等等。做出决定的策略肯定包括投票，但更好的方式是通过整合不同的意见，达成有效的共识，正如前面提到的日本“根回し”中所做的那样；另外，做出决定也可以通过艺术性地引导团队互动来实现。

现在，思考一下象征性行为。参与型决策能传递出更多积极、可信、肯定的信息，比如：

+ 参与型决策对能力、知识以及领导外的其他人的观点，都能提供积极的信息；专制型决策则不能。
+ 参与型决策表明了对他人的信任，是为集体利益而行事的；专制型决策则会引发相互之间的猜忌。
+ 参与型决策尊重他人的丰富视角；专制型决策则会将其忽略。
+ 参与型决策认可他人的个人合法利益；专制型决策则会忽视这些。
+ 参与型决策积极地看待集体努力的力量以及高效地合作的潜力；专制型决策则认为集体就是混乱或冲突，或者二者皆有。

因此，参与型决策更为进步。这是一种很好的方式，不止如此，它还充满智慧。这种进步的决策原型能更好地服务于知识处理，也能更好地将团队团结在一起。

然而，正如前面所提到的，在很多情况下，退步的原型通常占主导地位。更糟糕的是，关于参与型决策和专制型决策的真相，也适用于很多其他的互动原型。本书前面提到了割草机悖论，现在有必要再谈一下“恐龙悖论”。

恐龙悖论：退步的互动原型在群体和组织中更容易占主导地位，从而使得进步的互动原型无容身之处。

为什么用“恐龙”这个词呢？因为退步的互动虽然没那么精密复杂，但很难对付。关于这些原型的来源，以及为什么退步的互动更难对付，这些问题在本书多有涉及，可参考后面相关章节所做的分析总结。接下来，我们来研究集体决策中的另一个话题：谈判。

谈判原型

仅就一方而言，谈判其实很简单；但对于双方而言，谈判就难了。由一方决定怎样做对自己最有利是一回事，由双方一起决定怎样做对大家都最有利，则完全是另外一回事了。

一般来说，己方与他方，如其他国家、其他公司、其他部门、其他办公室、其他邻居等的谈判是个很棘手的命题。仅由己方做决定，可能会很为难，但涉及双方谈判的决定，就免不了会出现一定程度上的利益冲突。最糟糕的情况是，双方最终很可能像两头霸王龙在争抢同一块地盘。

罗杰·费希尔（Roger Fisher）、威廉·尤里（William Ury）和布鲁斯·巴顿（Bruce Patton）在他们的著作《谈判力》（*Getting to Yes*）中，提出了谈判的一种构想，目的在于超越“恐龙困境”。他们对比了两种谈判原型：立场型谈判和利益型谈判。事实上，三位作者并没有使用“原型”这一术语，不过这一概念符合他们所提到的内容。

立场型谈判其实就是霸王龙式谈判。人们宣告并捍卫自己的立场，就像捍卫自己的领地一样。例如，霸王龙甲说，“我的立场是，我想要一二三。”霸王龙乙说：“那可能是你想要的，你可以得到一，但二和三必须归我，而且我还必须得到四。”霸王龙甲认为霸王龙乙的要求侵犯了自己的领地，而霸王龙乙也这样看待霸王龙甲。双方的矛盾可能会变得难以调和，从而导致出现僵局。更常见的情况是，双方可能会让步以达成一个折中的结果，但没有任何一方对这一折中方案感到满意。

利益型谈判从总体上来说就不那么野蛮了。这种情况下，霸王龙甲不再宣示自己的立场，而是会更友善、更温和地说道：“我的利益、关注点和需求是这样的。你的呢？”霸王龙乙也会友善地做出回应。双方将各自的利益公开地阐述清楚之后，一起努力解决共同的问题，并且尽可能地满足各自的利益。这种尝试，用一般、老套但很实用的话说，就是努力找到“双赢解决方案”。在某些情况下，这种做法能使谈判变成合作而非敌对，并且能产生更富有成效的解决方案。

1978 年，以色列和埃及之间签署的《戴维营协议》(*Camp David Accords*)便是历史上一个引人注目的谈判实例。在 1967 年的第三次“中东战争”中，以色列占领了埃及西奈半岛。埃及想收回整个西奈半岛。谈判因如何划分西奈半岛问题而陷入了困境，没有一种划分方法能令埃及满意。后来，当谈判双方开始考虑利益而非立场的时候，谈判才有了进展。以色列想要的是安全，而不是西奈半岛本身；埃及想要的是西奈半岛的主权。最终，西奈半岛重回埃及，而岛上大部分地区解除了武装。

立场型谈判和利益型谈判二者之间的对比，再次揭示了退步的互动和进步的互动的差别。实际上，两种谈判中的知识处理和象征性行为，与专制型决策和参与型决策中的对比惊人地相似。这很符合逻辑，因为谈判也是一种决策，涉及的是存在潜在敌对关系的两个人或两个团体如何在某一问题上向前推进。从知识处理的角度来看，立场型谈判探索的创新选择方案可能更少，忽视了重要的短期后果和长期后果，因为谈判者就像在打牌时将牌紧贴胸前，限制了可得的信息，使人们的视野变得狭窄。从象征性行为的角度来看，立场型谈判传递出这样的信息："我很强硬，我对你完全不信任，并且丝毫不打算让步。"这很不利于双方在当下或未来就某事达成一致。

利益型谈判则可能更进步一些，但这就是我们想要的吗？再回到桌子的比喻上来。我们能否拥有理想的圆桌呢？现实的状况可能是：在长桌的两端分别坐着一头霸王龙，双方死死地盯着对方，就差跳到桌子上互撕了。在现实中，这可能已经是最好的状态了。也就是说，我们必须承认，进步的原型并不一定总占优势。

记住，在时间紧迫或风险很高的情况下，退步的决策发挥的作用可能更好。同样，利益型谈判是否有实效，取决于是否存在双赢或趋向于双赢的解决方案。例如，如果问题是关于让甲组或乙组来设计产品，或者由谁来负责销售等，双赢解决方案可能很少，但仍然值得一试。而如果问题是关于不愉快的离婚或者两个国家间长期的敌意等，双方之间不仅极不信任对方，还想互相伤害，那这时，为了共同利益而一起努力并找到双赢解决方案就极其困难了。不过，通过中立的第三方斡旋也许会有帮助。

费希尔、尤里和巴顿用另一个很有趣的概念表达了对这一点的认可："谈判协议最佳替代方案"（Best Alternative to a Negotiated Agreement，简称 BATNA）。两头霸王龙坐下来尝试进行利益型谈判，双方都应该牢记各自的 BATNA，即如果利益型谈判被证明行不通，那么他们该怎么做。

> **进步的原型的核心不在于它们总能更好地发挥作用，而在于它们发挥的作用往往比人们认识到或实际需要的更大。**

实际上，谈判经常会陷入毫无必要的退步的立场型原型。有立场很自然，捍卫领地很自然，对于别人的要求产生保卫性和攻击性的反应也很自然。因此，“原型”一词适用于很多退步的方案，因为这一模式会反复出现。我们现在审视的是植根于人类生存状况、文化和历史中的一些倾向，这也是亚瑟王的传说中所认识到的问题，希腊人也曾面对过同样的进退两难的困境。

幸好还有进步的互动原型。进步的互动原型在人类历史中也是有基础的。它们同样反复出现，虽然频率不高。不过，它的挑战在于，该如何保持进步的互动的优势呢？

交流构架

很多人小时候都玩过“传话”游戏。与其他小朋友坐成一排，左边的小朋友对着你的耳朵小声说话。你可能没有完全听清，但你会努力听，然后表述给右边的小朋友。整个游戏过程很好玩，我们会听到并传达一些听起来很奇怪的话，但最好玩的在最后，即第一个孩子和最后一个孩子对比所说的话的时刻。通常，最后的话和一开始的话会大相径庭。

其实所有的乐趣都来自“传话”游戏的“交流构架”，这一构架必然会扭曲信息。简单地说，集体的交流构架就是人们交流的场合和扮演的角色。在“传话”游戏中，大家坐成一排，以同等的身份传递信息。然而在任何大型群体、团队或组织中，存在着各种各样的联系：同事之间、上下级之间、新员工和老员工之间；正式的和非正式的；交流场所从会议室到收发室等；交流方式则可以通过电子邮件、会议或对话等方式；所涉及的主题可以从宏观愿景到为什么那么做不行，再到如何保持地面清洁；等等。交流构架指的就是这种角色和交流所形成的网络。

交流构架是互动原型中一个重要的概念。进行互动时，原型对此会给出解释：互动何时发生？如果需要联系的人没有联系上会如何？

组织学者罗莎贝思·莫斯·坎特（Rosabeth Moss Kanter）在《变革大师》（*The Change Masters*）一书中，提出了一个宽泛但引人注目的观点。她区分了许多组织的分散主义特征（等级森严、责任分明）以及整合行动，这种行动通常需要更具渗透性的界限和定义松散的责任。坎特声称，分散主义提供了一种很好的秩序感和控制感，但由于缺乏交流和协作关系，严重限制了适应能力。换句话说，分散主义使得组织内部形成了一种零碎的交流构架，限制了高效的知识处理，也不利于团队形成积极的象征性行为。

前面提到过，当年福特公司在设计金牛座 / 黑貂的生产线时采取了同步设计。其关键就在于，福特公司在一开始就将原本各自为政的小组代表召集到一起，让他们相互协作。同步设计改变了产品研发过程中普遍存在的交流构架，使得大家能够进行与以往完全不同的交流。

总的来说，“组织是由对话构成的”这一观点，要求我们关注对话质量以及对话中出现的原型。交流构架为此奠定了基础，并对角色进行了划分，因而特定的人或团体能够共同努力，无论是在现实中还是在网上。同时，它还决定了哪种互动会出现及其出现的频率。而这又引出一个问题：互动将以进步的方式还是退步的方式展开？

本章所传达的信息就是，从广义的角度来看，团体、组织、群体以及人类的各种集体，都是“由对话构成的”。打个比方来说，对话如同虚拟的神经元，将个人联结成更大规模的认知集体。对话可能是进步的，如良好的知识处理和积极的象征性行为；也可能是退步的，如糟糕的知识处理和消极的象征性行为。在集体的交流构架中，互动原型决定了组织智能的程度。

KING ARTHUR'S ROUND TABLE
工具箱

- **要想全面了解一个团队或组织的文化，可以问以下几个问题：**“桌子有多圆？”“这些互动是进步的还是退步的？”“这是高效的知识处理吗？这是积极的象征性行为吗？”
- **通过原型培养洞察力。**关注互动模式，包括那些反复出现的“非常嫌疑犯”、进步的互动和退步的互动。思考一下怎样做才能让互动向进步的方向发展。
- **分析交流构架。**上下级之间、同事之间在面对面或在线交流时，有无良好的互动？需要了解情况的人能发现吗？协作能顺利进行吗？怎么做才能提升互动效率呢？
- **培养良好的集体决策。**注意前文讨论过的四大普遍举动和四大普遍需求。
- **避免专制型决策，支持参与型决策。**假如决定权在你，那么就不要丢弃它。
- **避免立场型谈判，支持利益型谈判。**

KING
ARTHUR'S
ROUND
TABLE

第 3 章

组织智能的 6 大困境

思想融合不容易

《星际迷航》里的学者、指挥官斯波克，是来自瓦肯星的瓦肯人和人类混血。他是“进取号”的大副兼科学官。他长着尖耳朵，经常发表尖锐而深刻的评论，也曾在有关精神资源的论述中探讨过瓦肯星人的思想融合。斯波克会以奇怪的姿势将手放在别人的头上，默念“我的思想融入你的思想”，就可以将他的思想与别人的思想融合，并让其成为别人灵魂的一部分。他会积极地在别人的脑海深处探索，并将原本破坏性的局势“整理”得井井有条。

《星际迷航》看起来可能离亚瑟王很远，但这个电影系列很像未来版的卡美洛。在《星际迷航》的不同系列中，船长是一位亚瑟王式的人物，他投身于理想，用自己的威信而非独裁领导着一群具有奉献精神的军官和船员。他尊重他人，在发号施令时会寻求他人的建议，从而塑造了一个强有力的集体。而《星际迷航》中的“魔法师梅林”，就是斯波克。

“我的思想融入你的思想”，如果我们也能这样做就好了！也许在某种意义上，我们的确可以做到：以最好的方式集思广益。但这并不容易。任何一个处于体制世界中的人都知道这不容易：无论是商业机构还是政府，大学还是基金会，军事项目还是国际贸易联盟等。还记得前面章节中提到的那些例子吗？某公司上下级之间的错误交流导致了数亿美元的损失，还有历史上的很多愚行事件，如乔治三世对美国独立战争的平息举措。想一想前文提到过的组织智能中的热点话题：专制型决策而非参与型决策，立场型谈判而非利益型谈判等，它们都使人们丧失了更多学习和发展的机会。因此，思想融合并不容易。

那么，组织智能为什么难以获得呢？这是本书的核心问题之一。在开始探讨这个问题之前，我们首先需要阐明智能的含义。在此之后，我们会分析 6 种特定的因素，这 6 种因素会导致互动退步而不是进步。这有助于解释为什么几个聪明人很难组成一支智慧的团队。

智能是什么

如果说两个人的头脑有时候比一个人的好用，那么它究竟好在哪里呢？

当下的智能理论绝大多数是针对个人智能的，每次讨论的都是某个人的智能。而关于组织的观点则是将讨论目标从一个人扩展到 2 个人、7 个人、27 个人、207 个人……所有人都以某种理智的方式共同思考。为了准确地为组织智能下定义，我们先要理解一点，即组织智能是个体智能的延伸。

所有关于个人智能的理论都始于一个非正式的概念，即智能行为是什么样的。在处理生活中的复杂状况时，有些人表现得比其他人更高明。比如克拉丽莎，她在做决定时会深思熟虑，能够冷静地处理复杂的银行账单，不会使自己陷入社会关系的死胡同之中。她总是以真挚的态度照顾日渐苍老的父亲，并且有条不紊，没有陷入抑郁消沉中。此外，她还有序且高效地管理着一家广告公司的分公司……无论何时何地，克拉丽莎一贯都表现得相当有智慧。

克拉丽莎这种一贯富有智慧的行为能给人以灵感，于是我们可以为智能下一个十分简明扼要的定义。

定义 1：智能就是当你不知道要做什么的时候，知道该做什么。

大多数时候，我们是依靠已有的知识和技能来生活的。例如，我们知道如何开车去上班，所以周一开车去上班毫无困难；我们知道如何填写税务表格，所以每次填写时，我们可以轻松地填好并归档。然而，这个世界还是会不时地给我们制造难题，比如照顾日渐衰老的父母或应对反复无常的客户。我们不知道要做什么，至少并不十分确定。但也许，我们在不知道要做什么的时候，其实知道该做什么。也许我们知道要坚持，要采取某种策略，要与邻居商量，或者要从我们想要的结果倒推原因等。这样的整体能力就是智能的展现。

换句话说，连贯而高效地处理挑战智慧的新事物反映了人的智能，如新员工、新领导、新技术、新规则、新市场、新竞争者、新产品、新文化、新报告系统等。每当新事物出现的时候，智能都显得非常重要。下面是智能的另一种定义，更加文雅，也更加专业。

定义 2：在某种程度上，智能指的是，在回应或探寻新事物时，进行复杂的适应性知识处理的某种整体能力和倾向。

处理新事物仍然是焦点，但关于智能的复杂描述也添加了某些细节。它强调的是某种整体能力，而不一定是能贯穿所有领域的智能。根据定义 2，一个人也许能证明自己在科学、数学和工程等方面的能力，但在处理人际关系方面不一定多么好；而另一个人则可能正好与之相反。虽然都有局限，但这两个人的能力都展现了很高的智能。

定义 2 探究的不仅是能力，还有倾向。哲学家和心理学家有时将其称为“性情”，比如有寻找证据的癖好、思想开放或好奇心强等。这表明，如果在原则上拥有某种能力，但是没有显示出运用这些能力的倾向，那么这些人的行为并不智能。他们可能在原则上富有智能，但在实践中却不然。此外，定义 2 还表明，智能的人不仅能够很好地接受新事物，甚至还能在某些情况下进行深入探索，正如创造力一样。

然而，关于个人智能的理论，人们进一步提出了智能行为的深层心理机制。经典的解释是由伟大的心理学家兼统计学家查尔斯·斯皮尔曼（Charles Spearman）在 1904 年提出的。通过检验多组测试结果，斯皮尔曼发现，在一项测试中表现良好的人在其他测试中往往也表现良好。他使用统计学技术来衡量这一倾向的可能性。斯皮尔曼的研究与法国心理学家阿尔弗雷德·比奈（Alfred Binet）突破性的研究，共同激发了当今 IQ（智商）概念的产生。斯皮尔曼声称，智能的差异与人的社会心理现实相一致，它是一种存在于人类神经系统中的能量。拥有更强能量的人，在各种对智能有要求的情况下，能够做出更有智慧的行为。斯皮尔曼认为，这在很大程度上是由基因决定的。

斯皮尔曼的立场现在仍有许多支持者。然而，我更喜欢关于智能另一个更广义的定义，它包含了不太普遍的特点和性情，并且更好地解释了智能在实际情况中发挥的作用。实际上，与斯皮尔曼相比，比奈关于智能的看法与此更为接近。其中很重要的一点是，要认识到“智能到底是什么”这个问题不能简单地等同于“我把袜子放在哪里了，抽屉里还是篮子里”。这不是观察世界、发现世界的问题。关于“智能到底是什么”的争论，取决于待解释事物的选择以及待解释现象的选择。如果你试图解释为什么有的人在一些智能测试中总是表现得比其他人好，那最后很难不得出类似于 IQ 的概念。如果你试图解释人们如何处理世界上各种充满挑战的情况，那么你很难对 IQ 等概念感到满意，而是会自然而然地以一幅更复杂、更细致的图景来描述它。

关于智能，很多现代的观点都包含类似的图景。一个著名的例子是霍华德·加德纳（Howard Gardner）的多元智能理论[①]。加德纳一开始提出了 7 种不同的智能，每一种分别由不同的神经功能支持，包括语言、逻辑数学、音乐、空间、身体运动、人际关系及自我认知等方面的智能。在后来的作品中，加德纳又增加第 8 种甚至第 9 种智能。

还有一种观点，其侧重点则稍有不同，它是由耶鲁大学的心理学家罗伯特·斯滕伯格（Robert Sternberg）提出的，即智力三元论，它确定了智力的三大维度：分析智力，类似于典型的智力测验所测试的内容；实践智力，反映了特定领域的实践知识，如管理、工程、教学等；创新智力，涉及创造力和创新能力。

我在《出类拔萃的 IQ》一书中提出了自己的观点，将智力分为三个层面：神经智力，高效的神经功能对智力行为的贡献；经验智力，生活在不同领域的经验对智力行为的贡献；反省智力，总体的策略、性情和心理监管对智力行为的贡献。除此之外，当然还有很多模式。虽然它们听起来各不相同，侧重点也不同，但它们也有重合的部分，能够相互补充完善。

---

① 霍华德·加德纳是当今最具影响力的发展心理学家和教育学家，多元智能理论的创始人。他在《智能的结构》这本开山之作中提出了人类具有多元智能，向传统观点发起了有力的挑战；而在《多元智能新视野》一书中，他又对多元智能理论做了新扩展，使本书成为当代教育学界的指南。两本书的中文简体字版已由湛庐策划，分别于 2013 年和 2017 年由浙江人民出版社和中国人民大学出版社出版。——编者注

这些只是关于个人智能的一个简要概括。那么组织智能又是怎样的呢？比如一个小组、一个部门、一支销售队伍、一支政府力量、一个产品研发组或一整个组织。对于组织智能而言，最重要的不是任何有关个人智能的理论，而是这些理论的倾向：这些理论几乎都提出，智能取决于大脑处理信息的能力。所以在我看来，知识处理是组织智能的一个重要组成部分。与个人一样，小组、团队、组织和群体都能在不知道要做什么的时候，知道怎样去做，并展示出某种整体能力和倾向，以进行复杂的适应性知识处理，并对新事物进行回应或探索。可以证明的是，在全新的情况下，人类集体或多或少都是有能力、有活力的决策者，问题解决者或计划制订者。这部分反映了群体中各个成员的聪明才智，同时也反映了成员如何有效地交流、集中思想以及筛选可能的解决方案。根据是否适合群体和组织行为，互动原型这一概念提供了一种用于分析互动模式强弱的具体方法。

高效的知识处理可以从个人智能中直接体现出来，而象征性行为则对合作提出了特殊的挑战。独立思考有时候可能会缺乏充足的凝聚力，而这个问题在组织中则会变得尖锐起来，因为每个成员可能都有各自的利益和议程，对于地位和预算的竞争可能会扰乱彼此之间的合作，盟友群体也可能因为政治风向进行重组。一个组织如果要维持智能，其成员必须重视相互交流，并通过紧密团结来创造这种交流，而这取决于积极的象征性行为，比如相互尊重、共同的使命，以及合作。由此可以看出，互动原型为反复出现的模式提供了分析其象征意义的方法。

所有这些解释了为什么人们会在互动原型、知识处理以及所表达的象征性行为等方面想到组织智能。但这并没有解决前面指出的组织智能中的两个基本问题：割草机悖论和恐龙悖论。当组织成员从一个人增加到两个人，再到更多的人，究竟哪里出了问题？组织智能为什么难以获得？

令人感到沮丧的是，至少有 6 种困境阻碍了我们获得组织智能：

1. **五人对抗**，意见太多导致事情变得复杂而难以产出结果。

2. **过度简化认知**，人类倾向于过度简化认知过程。

3. **过度简化情感**，人类倾向于过度简化情绪。

4. **面对压力时退缩**，人在有压力时倾向于恢复原有的、旧的互动模式。

5. **多米诺骨牌效应**，一个人的退步行为会导致其他人产生同样的倾向。

6. **权力主导**，有权有势的人有时会利用退步的互动。

理解这 6 种困境很重要，如果在它们构成威胁的时候能及时发现，我们就能避免或降低它们的威胁。接下来，我们逐一进行讨论。

困境 1：五人对抗

思想一致只有在一个人的时候才可以达到最好的效果，如果是 2 个人、7 个人、27 个人或 227 个人，它就不那么轻松了。假设你在策划一次野餐：整个大家庭中的绝大多数成员都想要参加周末度假，而你要为这群人进行安排。你开始独自计划，在客厅的书桌上奋笔疾书。这时，你的一个兄弟加了进来，组织智能的优势立刻显现出来：有了更多的主意，还可以避免很多容易犯的错误。之后，一个表亲也来聊这件事，并提出了两三点改进措施。接着，又一个表亲也参与了进来，事情开始变得复杂起来。后来，七大姑八大姨也来了，很快，对话变得十分混乱："我们去海边吧""我们去山里吧""带上啤酒""不，带红酒""买点三明治""不，我们自己做三明治"……其实，你就该一个人躲在屋子里，自己搞定一切。

通常，两个人的头脑往往胜过一个人的头脑，但 7 个人的头脑呢？ 27 个人的头脑呢？日常经验提醒我们：在组织中多加几个人，不一定总能让组织更智能，即使加入的人都很聪明且友善。这可能只会让事情变得更复杂，甚至降低了组织的效率——典型的割草机悖论！

为了增加一点乐趣，我们可以将组织智能和组织人数的典型关系用图表画出来，如图 3-1 所示。图表显示，在某种程度上，2 个人胜过一个人，3 个人胜过 2 个人。组织智能在 3 个人或 4 个人的时候达到顶峰。之后，人数的增加会导致组织智能降低。

组织人数大约在 4 人以上时，每增加一个人所带来的价值，往往不能弥补由于额外增加人数所造成的复杂性。

你可能感觉转折点在 4 个人或 6 个人的时候出现，其实都差不多。

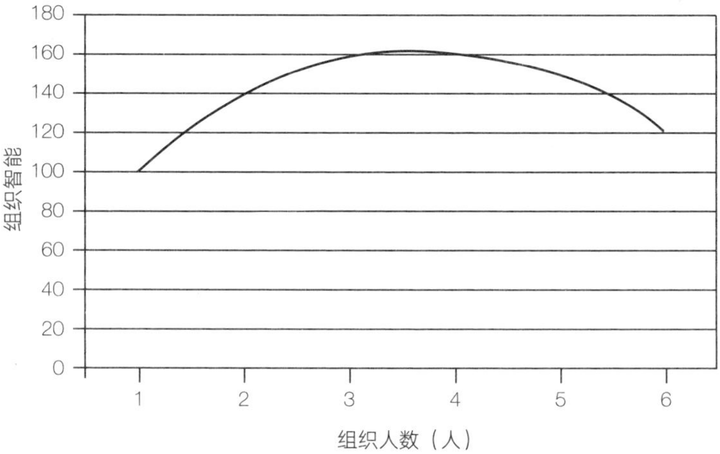

图 3-1 组织智能与组织人数的关系

不过，五人对抗并没有破坏大型组织追求组织智能的所有希望。真正优秀的团队通过简单的促进方案，就可以帮助十几个甚至更多的参与者增加价值，而非减少价值。不同类型的组织结构，如等级制度、联合小组、矩阵式组织结构等，可以协调更多的人参与到思考中来。五人对抗是个难题，但并非不可克服。它确实存在，而且只是个开始。

困境 2：过度简化认知

为了生存，我们不得不处理周围世界的复杂性：所得税表格、各种嘈杂的噪声、生孩子、许愿、社会和政治迷局、技术和法律谜题等。我们需要通过简化来处理这一切，但有时候做得太过了。著名认知心理学家赫伯特·西蒙（Herbert Simon）将人类的特征描述为“有限理性”。尤其是在意识层面，我们是低能的信息处理者，无法以理想的方式处理复杂情况。相反，我们会自动地走认知捷径。我们会产生刻板印象，比如认为莎拉只是一名秘书，不懂数据；伊斯拉只是一名工程师，可能不太擅长处理人际关系；莫德只是一名经理，不了解生产过程的技术细节；等等。实际上，他们可能并非如此。在一定程度上，刻板印象很有用，能让我们迅速而便捷地将人物和事件进行分类，但我们为这种便捷付出了代价：犯错。有时候我们犯错太多，连自己都无法承受。

过度简化在人类认知中普遍存在，在思想进程中尤为明显。在《出类拔萃的 IQ》一书中，我指出了人类思想中的 4 大智力陷阱：

1. **草率，**如冲动地做决策。

2. **狭隘，**如思想封闭、盲目地默许假设。

3. **模糊，**如混淆不同的概念、错过重要细节。

4. **无序，**如普遍存在的思想混乱、无法得出结论。

前三项是过度简化的不同变化形式，第四项是在某种情况下无法组织好复杂因素，使得想法杂乱无序，摇摆不定。

哈佛大学的心理学家埃伦·兰格（Ellen Langer）[①]记录了认知过度简化的另一个方面。她的实验验证了人们是如何心不在焉地履行职责的。实际上，日常经验也验证了人们的这种心不在焉。曾有一位服务生为我提供了一个绝佳的示例。在给客人上菜的时候，他十分肯定地说道："小心盘子，很烫！"但他当时正稳稳当当地将盘子托在手中。心不在焉时，人们会对熟悉的表面线索做出反应，然后例行公事，而并没有真正思考自己在做什么。这位服务生说的只是他上菜时习惯说的话，无论盘子烫不烫，他都会说这句话。

当然，不要刻板地认为过度简化一无是处，这一点很重要，因为过度简化对某些特定的目的很有用。假设路上很安全，那么心不在焉地开车去上班有助于我们思考到公司之后该做什么（当然，无论在什么情况下，我们都应该专心开车）。对于秘书、工程师、经理以及其他角色的刻板印象，在我们能够承担一些错误的时候，能帮助我们快速评估某种情况的可能性。时间充裕时做出的行政决定，可能会被认为是一时冲动，但在紧急情况下，则可能是思维敏捷的表现。认知过度简化的问题并不在于它是否一无是处，而在于它会时不时地给我们带来严重的伤害。

到目前为止，刚才所提到的这些指的都是个人智能，那么组织智能呢？过度简化可以削弱集体的思考能力，至少与独自思考类似。努力用自己的方式公正地处理复杂的状况，无论对于个人思考还是集体思考，都是一项长期的挑战。然而，当我们比较进步的互动原型和退步的互动原型时，一个更深

① 埃伦·兰格是积极心理学的奠基人之一，她在其成名作《专念：积极心理学的力量》一书中，用"专念"启发世界，改变了大家的思考和感觉模式，被广泛传颂；又在《专念学习力》中颠覆解析了 7 种"学习神话"，得到广泛认可。这两本书的中文简体字版已于 2012 年由湛庐策划、浙江人民出版社出版。——编者注

层次的问题出现了：

> **认知过度简化“偏爱”退步的原型，而这种原型往往没有进步的原型复杂。**

回想一下专制型决策这一退步的原型，并将其与参与型决策这一进步的原型进行对比。退步的原型要简单得多。例如，老板不征求意见，只是简单地做出决定，因此不用费神去探究他人的观点，借鉴他人的经验，衡量他人的利益。这同样适用于立场型谈判这种退步的原型和利益型谈判这种进步的原型。利益型谈判包含了令人不快的复杂因素，比如双方需要相互信任，努力阐明具体的利益，并且尽量得出详细的双赢解决方案。立场型谈判则可能导致僵局或双方都不希望看到的妥协，但它的确更简单。此外还有否定式反馈、调解式反馈和交流式反馈等原型，后面的章节将会详细探讨。

困境 3：过度简化情感

当你的伴侣说你太以自我为中心时，其实对方是在说你傻，或你以自我为中心，过多地专注自己的利益，而对他人的利益关注不足。

如果伟大的瑞士心理学家让·皮亚杰（Jean Piaget）评判你太以自我为中心的话，他的想法可能略有不同。他要让你知道，你的所作所为并没有充分地考虑他人会如何理解，或者没有站在他人的立场上。不过他应该不会告诉你这些，因为他想继续观察你的自然行为。你的行为可能并不是特别自私，只是在某种程度上没有意识到他人可能会有不同的想法。

从严格意义上来说，以自我为中心是人类关系和人类社会中普遍存在的一个问题。心理学家劳伦斯·柯尔伯格（Lawrence Kohlberg）分析了人们的道德发展，认识到了人们对于“观点采择”（perspective taking）的需求。笼统地说，就是站在别人的立场上。这是原则性生活的一个重要方面。卡罗尔·吉利根（Carol Gilligan）则提出，很多女性在一段关系中呈现出一种不同于道德生活的模式，很少以原则为生活导向，而更多的是关心他人。虽然吉利根在很多方面不同意柯尔伯格的观点，但她同样强调了观点采择的重要性。观点采择的挑战有很多呈现方式。例如，孩子们在教室里写第一篇作文或第一个故事的时候，他们往往不考虑想象中的读者可能知道什么、不知道什么。他们写作的时候，会以为读者与他们拥有同样的背景知识。所有这些不仅仅包含他人的情感，而且情感过度简化也很好地表达了这一思想。

情感过度简化不只针对他人所犯的错误，同时也会过度简化自己的情感。有时候，我们无法认识到自己对于某件事的复杂感情，因为我们觉得自己应该果断；有时候，我们不能坦诚地面对自己做某件事的理由或所做的事情。情感过度简化切断了两条路径：一条是对外面向他人的，另一条是对内面向自己隐藏的内心的。

与认知过度简化一样，情感过度简化也会削弱进步的互动。专制型决策在情感方面比参与型决策更简单。专制者不会考虑公平与否的问题，不会关注员工是否感到被轻视，或者有没有机会接手已开发很久的项目。参与式决策要求参与者尤其是领导人物，都应留意这些。同样，立场型谈判者只会头脑简单地认为：不用管他人的利益，要坚持并维护自己的立场。

在组织中妥善处理情感的一个著名的拥护者是丹尼尔·戈尔曼（Daniel Goleman）。他在《情商 3》（*Working with Emotional Intelligence*）一书中提出，同理心是情商（情感能力）的一个重要维度，其中包含的特征有：对他人感觉的认知力，对发展需求的洞察力，对政治关系的警觉性以及对服务定位的采纳。很显然，这些品质有着进步的特点，但它们并不容易获得。如果缺少这些，退步的原型可能会占据上风。

情感过度简化的倾向“偏爱”退步的互动原型。

困境 4：面对压力时退缩

时间在一分一秒地过去，麦克斯还有最后 3 道题没做。他在第 12 题上花的时间太多了，反复对自己说该往下看了，但不知怎么，他就是不甘心，但最后也没能解答出这一题。接着，他开始读第 13 题，并且将题目读了 3 遍，希望能看懂题目中的每个字，最后他基本上读懂了题意。而在前一天晚上学习的时候，对他来说，解答像第 13 题这样的题目根本不费吹灰之力。

这就是面对压力时的退缩。在有压力的情况下，认知倾向于恢复原有的、旧的互动模式。新学的东西变得模糊，隐藏的习惯像午夜的吸血鬼一样，从意识深处冒出来，将新的好方法扼杀掉。

对于这一现象，有一种解读可以追溯到 1908 年的一项心理学发现，即耶克斯—多德森定律（Yerkes-Dodson Law）。研究人员发现，动机和表现之间存在着倒“U”形关系：随着动机的提升，表现也会提升；达到顶点之后，表现则开始下降。

倒“U”形曲线让我们认识到，压力并非一无是处。适当的压力会刺激我们的表现，激励、驱动、启发及鼓舞我们。有时候，压力会让事情变得更加有趣。压力会带来各种不同的特征：噪声、恐惧、时间紧迫感及愤怒等。在适度的时候，任何一种特征都可能提升我们的表现。有时候，在咖啡馆工作，身处陌生的嘈杂情境之中，对于一些人而言完全没有问题。但当压力上升到较高的水平时，人们开始紧张、失控、崩溃、头脑失灵及极度焦虑。人们应对压力的方式有很多，与因纽特人将雪分为多种类型一样。

面对压力时退缩，对组织智能而言十分不利。当情况变得艰难时，最需要的是进步的互动。在紧要关头，如有相互冲突的威胁或最后期限临近时，我们需要马上做决定。不过要注意：

当我们最需要进步的原型时，非同寻常的压力很可能再次唤醒退步的原型。

困境 5：多米诺骨牌效应

你可能在与他人共同努力时表现优秀，但你一个人时很难维持进步的互动，需要其他人的配合。再来回想一下专制型决策和参与型决策。假设你对参与型决策抱有希望，但领导却有相反的想法。在这种情况下，你可以采取某些行动，比如努力请求领导听取自己的意见，提出自己的观点和劝告。但这么做的话，你会将自己置于险境，而且最多只能在一定程度上有用。或者即便你自己就是领导，在某些组织文化中实现参与型决策也并不容易。有时候人们指望你做出决定，他们想要上级给出指示。示意合作可能会被视为示弱的信号，继而被解读为缺乏领导信心的象征性行为。

退步的行为会引发同类行为，导致更多退步的行为，正如一副多米诺骨牌倒塌一样。

进步的行为也会激发同样的效应。“退步”的多米诺骨牌一连串地倒向退步，“进步”的多米诺骨牌也能奇迹般地将倒下的骨牌“扶”起来。然而，倒下的力量比扶起的力量要大得多。在一支团队里，如果一开始很多人就呈现出退步的姿态，那么通过个人行为来转变整支团队就会很困难，虽然一些明确的训练可以帮助每个人向进步的方向前进。

困境6：权力主导

权力对人的诱惑可以追溯到希腊神话，一直延续到现在的社团丑闻和国际阴谋。它们最终都成了阻碍进步互动的因素。

一个有趣的案例就是2001—2002年安然公司（Enron）的丑闻。直到2001年夏天，安然公司看起来仍是一家通过复杂的运营方法取得巨大成功的公司。而实际上，其运营方法和相关的资产负债表已令观察员难以看透。该公司致力于开发天然气、电力和其他资源的市场和贸易。后来，真相开始浮出水面，事情渐渐变得明朗起来：安然公司那些令人印象深刻的记录都得益于不光彩的财务手段。这些手段掩盖了负债累累的真相，营造了公司繁荣发展的假象。

虽然安然公司的几名管理人员有着不可推卸的责任，但曾经的首席执行官杰弗瑞·斯基林（Jeffery Skilling）则是个阴影式的人物。公司的员工认为斯基林聪明又傲慢，是他将富有新意的风险管理方法带进了安然公司。斯基林在1990年进入安然公司，并于2001年2月从首席运营官一跃升任为首席执行官。2001年8月中旬，斯基林突然神秘辞职，声称是出于某些与健康有关的个人原因。通过前后的股票抛售，斯基林从安然公司抽走了将近9 000万美元。

斯基林的管理模式展示了一个人得到权力之后的所有特征。虽然安然公司是一家公认的组织结构扁平的公司，在这里，良好的建议总能被采纳，但斯基林的话就是“法律”；虽然表面上每个人看似都有机会，但斯基林提拔了一批亲信，这些人享有非凡的自由，可以随心所欲地实践各种不靠谱的公司发展倡议，其他谨慎的人则被冷落在旁。最令人感到吃惊的是安然公司掩盖真相的财务手段。安然公司内部的高层人员证实，斯基林显然知道并批准了这些做法。斯基林虽然以紧随形势的金融天才著称，但他一再声称自己对那些状况和交易毫不知情。

关于斯基林做了哪些和没做哪些，我们也许永远无法知道真相，但安然公司这一事件所呈现的整体图景令人再熟悉不过了，分析起来也一点儿都不难。在组织内部，人们通常都尽力争取、维持以及利用权力。人们这么做，是为了应对其他权力争夺者所带来的竞争，也是为了权力本身带来的愉悦、地位和名望，以及权力常常能保证的物质利益。另外，人们这么做，有时候能让整个组织受益，有时候则不能。

退步的互动原型常常比进步的互动原型更能为这样的人所利用。进步的互动能促进现成的信息流成为良好知识处理的一部分，而权力主导往往会限制和混淆信息。此外，进步的互动会集中考虑多种观点和利益，而权力主导者往往优先考虑自己及亲信的利益，忽视竞争对手、投资者和团队总体的利益。

到现在为止，由于无所顾虑，刚刚所刻画的有权人士都是强势能干的。然而，没有那么强势能干的人也常常会走上权力主导的道路。出于种种原因，能力不是很强的人有时候也会到达权力的中等位置。比起征服世界，他们仅仅对抓住现有的权力更感兴趣，而这同样也会导致退步的互动原型。性格软弱的人如果处在权力的中等位置上，很可能会认为进步的原型是在显示软弱的权威，并且可能害怕在坦诚、开放和灵活的互动中暴露自己的无能。退步的原型警告人们不要挑战权威人物，应将自己有限的能力隐藏好。

因此，退步的互动不能很好地为团队的整体利益服务，但能很好地服务于那些卑躬屈膝地追求、维持及利用权力的人。

困难不是绝对的

亚瑟王的圆桌梦想可能会变成他的噩梦。虽然进步的互动这一概念为思想融合指明了方向，并会时不时地在小组、团队、组织和群体中出现，人们也会为了思想融合做出很多努力，但仍有很多困难阻碍着我们获得真正强大的组织智能，再来回顾一下：

- **五人对抗。**随着参与对话的人数增加，即使团队内部没有尖锐的对抗，对话的复杂性仍然会扩展到一定程度，并最终变得事与愿违。良好的促进行为能在较大团队中减轻这一效应；当然，思想融合也有其他方法，如集体的团结。
- **过度简化认知。**过度简化认知的倾向根深蒂固，而且退步的互动常常比进步的互动更为简单，因此退步的互动常占据主导地位，尽管个人和团队文化能发展出容纳复杂性的态度和策略。
- **过度简化情感。**以自我为中心，即对他人的情感和视角视而不见，并过度简化对自己的看法，在对待他人的情感时更简单，尽管个人和团队文化可能会努力追求更敏感的态度。
- **面对压力时退缩。**巨大的压力往往会引发认知的倒退、旧有模式的复苏，这些从总体趋势上来说都是退步的。但此时恰恰是最需要进步做法的时候，尽管一些压力可以提升表现，压力也可以得到控制，新的做法也可以慢慢成为习惯。
- **多米诺骨牌效应。**当其他人都采取退步的做法时，团队很难保持进步的互动。退步的因素，尤其在关乎领导层面时，常常会将整支团队拖下水，尽管努力坚持进步的做法会令情况有所改善，尤其是当领导人物也这么做时。
- **权力主导。**在组织中，争取、维持并利用权力的人，常常会发现退步的互动模式对自己更有利，尽管强有力的进步的互动文化可以抵制甚至驱逐这样的人。

这些困境令人感到气馁。第一章提出了“是什么—为什么—怎么样”的基本问题，探究了组织智能是什么，为什么难以获得，以及我们如何才能尽可能多地获得组织智能。上述 5 点解释了为什么组织智能难以获得，那么“如何才能尽可能多地获得组织智能”这一问题的答案可能是：我们通常无法获得！

也许的确如此。但前面提到的每一个困境都附带透露了一种信息，即困难并不是绝对的。理解它们，就是向克服它们迈出了一步。亚瑟王想要更具智慧的小组、团队、群体和组织。我们从他的这一梦想中学到了很多，所以现在就崩溃的话太蠢了。

原型其实有双重的重要性。一方面，它能帮助我们了解组织和群体文化；另一方面，它指明了变化的方向，即从退步的互动到进步的互动。我们可以通过一个非常敏感的话题，即反馈，来更加深入地探讨这些问题。反馈是由谁发出的？如何发出的？他们为什么要发出此种反馈？这与组织的智慧程度有什么关系？

KING ARTHUR'S ROUND TABLE 工具箱

- **警惕五人对抗。**尽量保持工作小组的小规模：两三个人，或四个人。将创始者分组，这样更小的小组就可以追随他们了。
- **使用有力且巧妙的促进方式。**在有必要组成更大规模的群组时，应该这么做。
- **警惕过度简化认知和情感。**尽量去看原型，要注意到简单的退步原型和复杂的进步原型之间的斗争。花点时间，用完全进步的原型将事情研究透彻。

- **控制好压力。**尽早发现压力，在它们到来之前消除掉；运用压力控制技巧，如放松、放空，确保压力不会上升到激发退步的互动的危险境地。
- **抵制多米诺骨牌效应。**如果其他人表现出退步的行为，尽你所能开始进行并维持进步的互动。

KING ARTHUR'S ROUND TABLE

第 4 章

要反馈，不要喋喋不休

到处都是挑三拣四的声音

1958 年，美国传奇乐队 The Coasters 的单曲《喋喋不休》（*Yakety Yak*）在美国流行音乐排行榜和节奏布鲁斯音乐排行榜上都名列榜首，超过了他们之前的成绩。The Coasters 乐队有着高亢的嗓音和玩世不恭的风格，唱的是年轻人的激情和焦虑，同时也在嘲弄他们。

《喋喋不休》这首歌讽刺的是苛刻的父母和懒散躁动的青少年。父母试图让孩子做这做那，批评他们的懒惰、邋遢以及犯罪倾向，并且威胁要收回已给出的优待。这首歌的节奏感很强，每段歌词都以标志性的经典合唱“Yakety Yak”结束，并配上一个男低音：“别顶嘴！”

《喋喋不休》这首歌很有趣，但同时也揭示了一个严重的社会问题。它生动地表现了社会上普遍存在的一种相互挑剔的关系：父母从来不说好话，而孩子听到的都是消极的东西！

当然，并非只有十几岁的青少年会招来苛责。如亨利，一家新成立的软件公司的年轻研发人员，负责新界面的设计。由于生活上的其他压力，亨利不得不将某个工作项目往后推迟。眼看最后的期限就要到了，他又不得不在家熬夜赶工。而到了第二天早上，他又早早地来到办公室对设计方案进行细微的调整。

团队里的另一名成员塞尔吉奥正好经过，问候了睡眼惺忪的亨利。亨利回应道："我几乎熬了一个通宵。我希望这个方案能让大家眼前一亮。我在一小时后要向大家展示它，你想先看看我的成果吗？"

塞尔吉奥说当然愿意，但他看了 5 分钟后便说道："我觉得不好。在我看来，这个方案有两个大问题……"然后，他开始详谈自己的看法。

亨利对此感到很不快，于是对塞尔吉奥说，对于自己熬了一个通宵设计出的方案，塞尔吉奥给出这样的批评太过于愚蠢。从这之后，两人的相处就不那么融洽了。

其实，塞尔吉奥和亨利都没有表现出足够的组织智能。塞尔吉奥对亨利加班加点设计出的方案进行批评是很不明智的，尤其是亨利马上要展示他的方案了，他没有时间再修改了。当然，亨利说塞尔吉奥太过于愚蠢同样也不好。两人的做法都不妥当，但都是非常自然的。

其实，类似的事情一直在发生，如在工作站、会议室、议会大厦以及饭桌上；而在软件设计、新政策文本、前景声明、年度计划、着装风格、预算分配、演讲大纲、家庭团聚计划或业绩评估等相关的情况下，类似的情况也会发生。这无关紧要。反馈是团队、组织或组织智能中真正的热点话题，毕竟挑剔无可避免。

反馈困境

如果像 The Coasters 乐队的歌里唱的那样，“喋喋不休”只是说一些不好听的话，那生活会简单很多。我们可以将它同其他不良的习惯一起从生活中剔除出去，比如吃饭时将胳膊肘撑在桌子上。但事情并没有这么简单。即便是“喋喋不休”，它也是反馈的一种类型。仔细研究一下就会发现，有的反馈富有成效，有的反馈则让人反感。

对个人、群体和组织的表现和学习而言，反馈很有必要。关于行为和认知习惯的心理学研究一再表明，表现的提升依赖于反馈回路。如果你不知道自己做的是对还是错，你也就不可能有多大提升。想象你和同伴正在进行一个简单的合作游戏：两个人隔着一块挡板进行抛接球。你看不到挡板另一边的同伴，你的同伴也看不到你。你们都不太可能把球抛得很准，因为你们都不知道距离的远近。但没关系，你们俩的接球可能会越来越好，因为你们能获得充足的反馈。当球从挡板上方意想不到的位置冒出来时，你会尝试接球，然后能发现自己接得好不好。到最后，你们俩抛球可能依然很糟糕，但接球会接得不错，这都是因为你们得到了反馈。

为了让自己在个人行动或团队行动时表现得更好，我们需要反馈，而这些反馈大多数是从周围环境中自然而然获得的，而不是由某个人提供的。小孩子在学走路、学骑自行车，或者与同伴在没有挡板的情况下玩抛接球的时候，他们能直接体验到哪里不对。不过，他人给出的反馈往往很有帮助。他人可能比你自己更了解你需要做什么，也就是旁观者清。这其中可能是出于简单的生理原因。比如在很多运动中，我们听从内心指挥做出动作，很难意识到自己的身体在做什么。当然有时还有态度方面的原因：我们对正在做的事情过于投入，因此失去了判断力和客观性。

无论是设计全新的航天飞机，组织大规模的宣传活动，策划重大的养老金项目，还是制定国家新的经济政策，这种集体思考都要经过几个步骤，即产生想法、提出方案和进行预测。大家有时候会提出反对意见，并相互交流看法。在企业和政府的可持续集体行为中，对于一个人是否做出了应有的贡献以及如何做得更好，大家都会有自己的看法。有时候大家可能表达得体，而有时候则表达欠妥。

因此，一支团队智慧与否，反馈充当着重要的角色。如果反馈不那么敏感倒也无伤大雅，但反馈的确很敏感。你不愿意听到别人说这个不行，那个粗制滥造，或者某件事欠缺考虑，更不愿意听别人说你粗心、懒惰、大意或愚蠢。所有这些都会使人产生反感情绪，即“反馈困境”。

> **反馈困境：从好的方面来看，提供反馈的互动，对于个人、群体和组织的效率和学习非常重要；从坏的方面来看，这样的互动往往会失败，不会带来有意义的信息交流，甚至还会导致隔阂。**

换句话说，反馈很有可能带来进步，但经常造成退步。这就是为何反馈会成为组织智能中的一个热点话题。

反馈的三种面貌

毫无疑问，反馈很重要，且无法避免。但问题是，我们平时接触的反馈究竟是哪一种类型？与其他普通的互动一样，反馈的方式也有一定的模式，即反馈原型。每个原型代表着不同的解决反馈困境的方式。纵观各种不同的情境，我们可以总结出三种原型：否定式反馈；调解式反馈，一种奉承式的反馈；交流式反馈，一种比较好的反馈方式。

- **否定式反馈。**告诉别人哪里错了。别人需要知道哪里错了，且会接受并改正。这很“坦诚”。
- **调解式反馈。**提出肯定意见，但含糊其词。你想支持对方并避免冲突，所以不发表批评意见。否定式反馈会遭到排斥，人际关系会遭到破坏。
- **交流式反馈。**将事情摊开来说，给出具体的正负面反馈，将焦点集中在想法、产品或行为上，而不是性格或能力上。在事情清晰明确的前提下，人们提供公平、不偏不倚的反馈，对人帮助最大。

否定式反馈是最令人感到不快的原型。The Coasters 乐队唱的《喋喋不休》就是这种原型。这种原型会实话实说，直截了当地指出他人的错误。它是最直接的反馈类型，是内心冲动的后果。当我们带着评价性的思维去审视某种情况时，往往只关注自己所观察到的错误，然后实话实说，为的是让当事人知道这一点。这也是前面提到的亨利从塞尔吉奥那里得到的反馈类型，同样也是亨利“回赠”给塞尔吉奥的反馈类型。

我们经常会自动发出这种反馈，这其中是有原因的。人们有必要知道哪里错了，为什么不坦诚地告诉他们呢？我们通常也是这样对待自己的。当我们产生一个想法或开发一种产品时，我们会先做出判断，仔细审视，探寻不足之处，然后设法完善。如果我们是这样对待自己的，为什么不能这样对待他人呢？否定式反馈解决或试图解决反馈困境的方式，忽视了困境中的另一个方面，即反馈可能导致关系疏离。这种原型只意识到了否定式反馈可能带有重要信息，于是直接发出了这种反馈。在很多情况下，这够用了。

然而，人们渐渐意识到，否定式反馈经常导致会人与人之间出现相互防备和疏离，尤其是当这种反馈带有个人攻击而不是针对观点或产品的时候。塞尔吉奥直接告诉亨利他的设计方案哪里错了，已经够糟糕了，而亨利回应说塞尔吉奥有多么愚蠢，就更糟糕了。

后来，人们形成了另一种反馈原型，即调解式反馈。与喋喋不休大不相同的是，调解式反馈很像是一种奉承。当你想让他人对自己所做的事感觉愉快时，你可能会说:"我真的挺欣赏你的做事方法的。"当你不想与人争论时，你可能会说："我觉得这个计划基本上可行，中间可能会有一些疑问，但我们可以一起来解决。"塞尔吉奥看过亨利的设计方案之后，他可以说:"不错，看起来挺好的。很期待一小时后的小组讨论。"从某种角度来说，调解式反馈根本就算不上反馈，而是借反馈之名，以达到鼓励和避免冲突的目的。

与否定式反馈一样，调解式反馈也有其存在的理由。人际关系如此重要，而认真地接受反馈又很难，所以比起信息更重视人际关系就在情理之中了。调解式反馈解决困境的方式是忽视困境中信息的重要性。有时候，信息并不重要。在开会之前，亨利没有时间再仔细修改设计方案了，因此认真的反馈不会立刻带来效果。

交流式反馈则是一种更复杂的原型，兼顾了反馈困境的两难。假设亨利有时间调整自己的设计方案，那么反馈将会很有用。塞尔吉奥知道人们经常会对所给反馈的情况产生误解，也经常会由于误导性反馈而得罪人。因此，塞尔吉奥一开始提出了几个问题，以搞清楚设计方案的具体内容和目的。然后，他再给出正面的看法。接下来，本着提供帮助的目的，塞尔吉奥提出了自己的疑问，并给出了建议。这样的对话很费心思，不像前两种反馈那样随心所欲，但对亨利来说，这种方式更容易接受并能从中获益。

我们都希望得到的是这样的反馈。众所周知，退步的互动往往占主导地位，并会抑制进步的互动。棒球巨星尤吉·贝拉（Yogi Berra）曾说过一句名言："又是似曾相识的感觉。"交流式反馈最进步，但也最不容易进行。否定式反馈主导的情况就太常见了。很多群体和组织都存在一种消极文化：否定式反馈是常态，同时还伴有互不信任和其他退步的模式。而在一些场景中，调解式反馈成了常态。人们过于担心否定式反馈会导致不和，因此很少进行尝试。奉承取代了喋喋不休，塑造了调解式文化。调解式文化肯定比消极文化令人舒服，但二者都显得不够智慧！

不同反馈在不同场合下各有优势

假如你的孩子摇摇晃晃地走到大街上，虽然不是主干道，但时不时也有明晃晃的车辆呼啸而过。此时就别管什么交流式反馈了，也别想调解式反馈了，你应该直接对孩子说："别动！"你可能在心里责备自己，因为你竟让一个刚学会走路的孩子自己走到了大街上。或者，再回想一下塞尔吉奥看亨利的设计方案的情景，此时不要去想否定式反馈或交流式反馈了。在那种情况下，塞尔吉奥应该给的是调解式反馈。

否定式反馈和调解式反馈在特定的场合下各有优势。

接下来，我们从知识处理和象征性行为的角度，来分析一下反馈的三种原型。

表 4-1 揭示了三种反馈原型在知识处理方面的利弊。调解式反馈得分最低，因为它没有传递信息，甚至可能会产生误导。直截了当地指出错误是否定式反馈的优势，有时候这种做法可能至关重要。然而，交流式反馈侧重于澄清事实和平衡利弊，因此效果最佳。

表 4-2 显示的是三种反馈原型在象征性行为方面的得分情况。否定式反馈最有可能得到赞赏的情形是当反馈能使人避免犯下致命错误时。通过维持和平、表达支持和团结，调解式反馈在一些情况下也能发挥很好的作用。不过，从整体上来说，交流式反馈通过象征性行为能传递最积极的信息。

表 4-1 从知识处理的角度分析反馈原型

反馈原型	分析
否定式反馈	+有效而清晰地指出你认为错误的事情
	-若不能阐明观点或行为，提出批评意见的人往往会受到误解
	-往往无法传达积极的信息
调解式反馈	-几乎不传达任何信息。可能会因为传递出“一切都好”的信息而产生误导
交流式反馈	+阐明正在考虑的想法或行为，确保双方谈论的是同一件事
	+交流积极的信息，以便对方能对此进行保留和发展
	+交流顾虑，并提出改进建议
	-耗费的时间和精力较多

表 4-2 从象征性行为的角度分析反馈原型

反馈原型	分析
否定式反馈	+有时会被视为坦诚的表现
	-常被认为淡漠和不人道，将接受反馈的人当作物品或仆人，尤其是直接或间接地谈及性格、能力或人格时
调解式反馈	+常被认为令人愉悦且具有鼓励性，不会对人构成威胁
	-接受反馈的人逐渐会意识到反馈的空洞，此时会被视为托词或迎合的表现
交流式反馈	+被认为认真、尊重他人且态度诚恳

圆桌会议上的反馈

亚瑟王的圆桌会议于每周二召开，商讨国家大事。这天，加拉哈热情洋溢地说：“骑士之间的比武太血腥了。长矛能轻而易举地取下一个人的脑袋，就像折断胡萝卜尖儿一样。我一直在思考这个问题，如今我有了一个主意。有一种叫作橡胶的秘密材质，是从大洋彼岸引进的。假如长矛的矛头用这种橡胶制作，那么这个创新肯定会让比武更加安全，更有乐趣，也将更适合全家一起观看！”（需要说明一下：实际上，橡胶原产于中美洲和南美洲。18 世纪之前，在英国乃至整个欧洲都很少见到橡胶。）

亚瑟王心想：加拉哈又来了，圣杯、橡胶头长矛，谁知道下个星期他又会有什么怪主意。我从内心来说是个现代人，但人们就是想看到比武见血，起码要有这样的机会。不过亚瑟王信奉圆桌精神，于是他微笑着说道：“我们大家一起来讨论一下。”然后，他一步一步地采取了交流式反馈。

有时候，我和同事将这种方法称为“反馈梯表”（ladder of feedback）。自始至终都创造积极的框架，比如感谢大家做出的贡献，在继续推进时表达一种总体上积极的看法。主要步骤如下：

- **步骤一：阐明事实。**提出一些问题，以搞清楚大家提出的观点或问题。避免提出包含批评的问题。
- **步骤二：正面评估。**就当下的观点或问题，具体地表达出欣赏之处。不要敷衍地说“挺好的，但是……”，然后急忙表达自己的否定性看法。
- **步骤三：提出顾虑和建议。**陈述疑问和顾虑，如有可能，一并提出改善建议。但要避免绝对化的口气：“错误之处在于……”而应使用委婉一些的措辞：“不知道能否……”“在我看来，似乎……”避免批评他人的性格或能力，而应将焦点放在观点、产品或某种具体的做法上。

我们再来看一看交流式反馈的模式。双方的对话逻辑应该是：首先搞清状况，然后表达欣赏，接着提出顾虑。总体来说，即使当下的观点可能并没有给你留下多么深刻的印象，但应本着圆桌思维，进行交流式反馈。接下来，让我们来具体看一看。

亚瑟王：你的想法很妙，很值得认真思考。感谢你。现在，让我们先把事情搞清楚，这个橡胶材料是什么样的呢？

加拉哈：看，这是样品。（将一小块橡胶递给大家看。）看，这种材料多么柔软、多么富有弹性，是保护骑士的一种理想材料。

兰斯洛特：嗯。（用手捏了捏橡胶。）我同意你的看法。你是建议将矛头全部换成橡胶的，还是先进行一次比武实验然后再换，或者先进行研发，建立一个基本模型？

加拉哈：我认为，我们应将这种新规定运用到整个比武中。

（其他骑士补充提问，以进一步阐明情况。）

亚瑟王：看，这就是大家的回应。从积极的方面来说，虽然我们小心谨慎，也有相关规定，但确实比武会导致一些人丢掉生命。这种牺牲无疑是没有必要的，他们本可以同我们一起保卫国家。

兰斯洛特：当骑士们一再身受重伤乃至死亡的时候，他们的妻子确实会悲痛至极。有人认为，比武不能体现我们所追求的文明程度，这项运动过于血腥。加拉哈的计划针对的正是这些问题。

（其他骑士对一些积极的信息也给予了肯定。）

加拉哈：感谢各位。

亚瑟王：不过，我们还需要谈一谈顾虑。其中一个听起来可能显得有些冷酷，那就是实际上骑士们很少会受重伤，而且比武创造了很好的收入，可用于维持国家的运作。我想知道其他人是否也愿意推动更加友善和温和的比武？

兰斯洛特：我也想知道。（大家都低声表示认同。）但这个难题应该有办法解决。加拉哈，你是怎么想的呢？

加拉哈：在我看来，即使出于施行仁政的美好目的，充盈国库也没有响应上帝的仁慈重要。

兰斯洛特：我们当然需要认识到，这件事有现实的重要意义。也许我们可以只在淘汰赛中使用橡胶头的长矛，而真正吸引观众的重大决赛还是应该遵循传统。

亚瑟王：这也许可行。不过还有一个疑问，我想知道大家的想法。这种橡胶似乎并不比熟鸡蛋硬，矛头会不会将它刺穿呢？另外，如果将一大块橡胶安装在矛头上，会不会导致长矛失去平衡呢？

加拉哈：这是个技术问题，需要搞清楚。

（接下来的几分钟，骑士们继续讨论一些问题。）

亚瑟王：你现在是怎么想的呢？

加拉哈：我承认一开始我有点过于兴奋了。不过，橡胶确实向我们展示了让比武更人性化的可能性。我打算先研发一个基本模型，看看我们的工程师能否解决问题并制定出可行的技术方案。

亚瑟王：这将是向前迈出的一步。我自认为相当谨慎，但还是有必要了解一下你能用新技术做些什么事。

兰斯洛特：也许我们可以在训练时使用橡胶，但在真正的比武中不用。我们在了解更多信息之后，再进一步讨论。

从上面的对话中可以看出，交流式互动组织了一场文明且睿智的对话。加拉哈并没有达到最初的目的，但他感觉自己受到了尊重。亚瑟王维持了与会者良好的关系，并提出了技术研究，这可能会在不同方面产生有价值的成果。

否定式反馈和调解式反馈则与此存在明显的差异。以否定式反馈为例，一开始，亚瑟王可能随口就说出如下的话：

> 在我看来，这个主意并不好。很明显，正是高额赌注和一些流血场面促使人们前来观看比武。我们不能将圆桌会议时间用在这种古怪想法的讨论上。

当然，这样的反馈会让桌子显得没那么“圆”。另外，以调解式反馈为例，亚瑟王可能会说：

> 这个想法有意思。感谢你提出这个想法，也许我们确实需要更友好、更温和的比武。不过，今天的圆桌会议有几件重要的国家大事要讨论。也许可以再过几周，等其他事情不那么紧急了，我们再来讨论这个问题。下面我们开始讨论第一件国家大事……

亚瑟王故意不讲清楚圆桌会议何时会再讨论这个问题，他希望永远不要再讨论了。加拉哈可能会恼火，因为这事被推迟了。或者，如果加拉哈足够聪明，就能看出亚瑟王的真正目的。

虽然交流式反馈需要更多的时间，但显然它将知识处理和积极的象征性行为更好地结合在了一起。

交流式反馈的 4 种模式

在《罗密欧与朱丽叶》第二场第二幕中，朱丽叶为罗密欧是蒙太古家族的一员而哀叹，她说道："我们所称的玫瑰，换个名字还是一样芬芳。"这句话后来成了名言。

朱丽叶心里想的是罗密欧，但她说的这句话同样适用于交流式反馈。交流式反馈可以像前面解释过的那样一步一步地进行。然而，很多人意识到了反馈存在的问题，并用交流式反馈的特征来命名互动模式。以下是商界和政界中常见的 4 种模式，每一种都有积极的方面，也存在一些局限。

一分钟称赞和一分钟批评

肯·布兰佳（Kenneth Blanchard）和斯宾塞·约翰逊（Spencer Johnson）在管理学畅销书《一分钟经理人》（*The One Minute Manager*）中，谈到了两种反馈策略：一分钟称赞和一分钟批评。二者都需要领导与下属提前确立好预期。这个过程只需寥寥数语，因此作者称之为"一分钟制定目标"。它为之后的称赞或批评奠定了基础。

先来说说一分钟称赞：领导要立刻对下属良好的表现进行表扬，直接告诉下属将对他进行评估，尤其要明确指出做得好的方面，同时还要对这个人为群体或组织所做的贡献表示赞赏。简单来说，一分钟称赞可能会像下面这样：

> 说实话，我对你昨天下午交上来的报告十分满意。我很欣赏你对资源问题进行的仔细分析，还有你做的长期预测，以及你对目标的密切关注。这对我们大家一起推进这个项目很有帮助，非常好。感谢你！

接着来说一分钟批评：领导要告诉下属，他将给出一些明确的反馈，直接提出批评，然后具体描述他觉得做得不对的地方以及对此有何看法。然后领导话锋一转，强调下属人很好，并对其贡献予以认可。接着领导可以果断地将事情抛到身后了。简单来说，一分钟批评可能会像下面这样：

> 我想对你昨天下午交上来的报告提一些具体的意见。我认为这份报告缺少长期计划。报告没有分析所有目标，我对此感到失望。为了推进项目你需要做出更细致的分析。当然，你为我们组做的贡献有目共睹，我记得你上个月提的倡议就进展得很好。对于这个问题，我们要换种方法来解决，相信我们会成功的。

这种"一分钟管理"反映的是行为主义。行为主义是关于人类和动物行为的理论，由约翰斯·霍普金斯大学的约翰·华生（John Watson）于20世纪早期提出。哈佛大学的伯尔赫斯·弗雷德里克·斯金纳（Burrhus Frederic Skinner）等人进一步发展了这一理论。其关键原则之一是，行为通过正强化和负强化而改变，粗略地来说就是奖赏和惩罚。不过这两个词并不能从行为主义的立场上很好地揭示其中的细微差别。尽管有人对行为主义是解释复杂认知的理论表示质疑，但它在改变人类和动物行为方面仍是一种有力的指导。可以看出，一分钟称赞和一分钟批评就是通过正负强化来改变行为的。强调阐明事实和反应迅速，为的是保证正负强化针对的是特定的行为。

行为学家的技巧看起来往往像在操控别人。写作者们也在努力避开这些批评。他们鼓励管理者事先同下属讲明目的，并利用好一分钟称赞、一分钟批评以及其他相关技巧。当每个人都参与进来，操控的意味就减弱了。

那么，这些方法在交流式反馈方面表现如何呢？明确、有针对性、迅速回应当然有助于高效的知识处理。称赞自然带有积极的象征意义。而对于一分钟批评，谨慎地将问题行为同个人评价、个人贡献认可区分开，具有重要的象征性意义。

当然也存在一些局限。这些方法都没有特别强调阐明事实这一点。在前面的例子中，领导认为，下属完全清楚报告要怎么写，于是进行了评判。这可能是知识处理中的欠缺之处。另外，称赞和批评被分割开来，而实际情况往往很复杂，人们既想对所获成绩表示认可，同时也想提出顾虑。这同样是知识处理中存在的局限。

另一个局限是，给出反馈的人常摆出了一副强势且相当封建的权威姿态，像个法官或评判传达者。这种象征性行为有时候可能可行，但无疑具有双面性，尤其是从行为主义的角度考虑。关于行为主义的应用，卡伦·普赖尔（Karen Pryor）曾写道，强烈的负强化会带来很大的问题，原因很多，且经常事与愿违。对于一分钟批评，她持保留意见。

行动后反思

通常，美国陆军会采用一种有趣的策略对行动进行评估，这就是行动后反思（after-action review，缩写为 AAR），也称事后回顾。劳埃德·贝尔德（Lloyd Baird）、菲利普·赫兰德（Philip Holland）和桑德拉·迪肯（Sandra Deacon）在《组织动力学》（*Organizational Dynamics*）一书中谈到，这一策略也为诸多公司所采用。这一做法为的是避免对可能出错的事情横加指责，而是要从中学习，并在日后再予以留意。

行动后反思，是在行动的关键参与者之间展开讨论，可以分为以下 4 个方面：

1. 最初目的是什么？

2. 实际发生了什么？

3. 我们从中学到了什么？

4. 我们现在应该做什么？

这样的讨论不仅可以在军事行动之后带来深入的见解，在重要谈判、重要的项目展示或深入的计划讨论之后，同样能带来益处。它可以成为研发组或销售组的行为准则。

行动后反思体现了交流式反馈的诸多特征。从象征性行为的方面来看，进行深入的讨论而避免责备，并将焦点集中在为未来吸取教训上，这体现了为整支团队的发展而投入的精神。

而从知识处理的方面来看，以上 4 个方面体现的是一种考虑周全的分析模式。由于事情的发展往往超出预期，因此提醒自己最初的目的是什么，是个良好的开端。将最初的目的与实际发生的事情进行对比，有助于判断事情的进展有无差错。我们当下进行到哪里了？行动证明这个主意好还是不好？如果我们没有按意愿行事，原因为何？如果我们再努力一点或尝试另一种方法，有没有可能做到？实际发生的事情比想象的好还是糟？……诸如此类的问题会自然而然地产生，并为未来的行动提供指导。

总体上来说，行动后反思对积极的象征性行为和高效的知识处理很有用，但存在的一个局限是，它是为了某一行动而设计的，因此也只适用于某一行动。对一份报告、一句口号、一项发明、一项政策或一个执行计划等提供反馈，行动后反思就不那么适用了。

“根回し”

“根回し”是日本的一种寻求共识的过程，最初是一个园艺术语，意思是护理根部。而在“根回し”式正式会议中，几乎很少出现严肃的观点对峙和实质性的反馈。这些都已经事先从根本上解决好了。在一系列两人对话或小组会议中，不同的利益相关方通过不同的组合进行会谈，解决冲突，敲定观点。在召开正式会议之前，有巨大争议的观点不会出现在公开辩论中，这是要认真对待的。在其他事情上，“根回し”在公开和半公开的场合避免受到挑战，因此也就避免了参与者丢面子的风险。

当然，“根回し”远不只是一个反馈的过程。不过，重要的反馈会出现在这一过程中。而且，“根回し”背后的基本思想也不局限于日本文化。世界各地区精明的政治领导人都知道，在正式表态之前，通过与关键人物进行小型对话有助于为某一观点纠正错误及赢得支持。接下来，我们将对“根回し”所包含的理念以及它与象征性行为和知识处理的关系进行探究。

对于象征性行为，“根回し”应该得到一个“+”，因为它避免了公开对峙的尴尬。虽然小型对话可能也会有冲突，但至少不会让人在公开场合显得尴尬。不过，由于对话可能只发生在特定的一群人中间，如元老级人物，因此圈外人可能会感到自己的权力被剥夺了。在理想的“根回し”过程中，利益相关者都不应该被排除在圈子之外，但现实情况往往与此不同。

至于知识处理，由一系列小型对话构成的互动网络可能比大型对话的互动范围更加广泛。此时，个人有更多的时间进行深入的研究，而且在发表个人观点时更有安全感。不过，“根回し”可能会耗费很多时间，有些观点也可能会被忽视或埋没。与任何社交行为一样，“根回し”需要深入地思考，而不是敷衍了事，这样才能产生最好的结果。

解构性批评

通常，所有人都想提出建设性批评。不过，罗伯特·凯根（Robert Kegan）和丽莎·莱希（Lisa Lahey）在《谈话如何改变工作》（*How the Way We Talk can Change the Way We Work*）这本见解深刻、极其实用的书中提出，只有建设性批评还不够，我们还需要解构性批评。

作者指出了常见的破坏性批评的危害，并进一步提出，即使是建设性批评，也是建立在假设的基础之上的，因此限制了它的优势。为了更好地理解这一点，我们仍以亚瑟王为例：

> 建设性的亚瑟王：你提出的想法很周到，加拉哈爵士，对此我们都很感激。减少比武中的流血几乎肯定会导致观众人数减少，这是我们无法接受的。然而，这个主意在实践中可能很有实用性。我会命令皇家工程师来开发一个样品，并对此进行测试。我安排你来解答他们的疑问并将你的见解告诉他们。等结果出来之后，你再向圆桌会议汇报。

亚瑟王的话很慎重，对加拉哈表示了赏识。这会带来积极的行动，但凯根和莱希仍然会指出其中隐含的假设：当下讨论的问题只有一个真相。给出反馈的人，对真相有着独到的见解。给出反馈的人对做出判断、提出积极建议以及维护人际关系负有大部分责任。凯根和莱希强调，这一假设未必是错的，但其正确性会因情况的差异而大不相同。如果以更开放的方式交流，打破这一假设，那么反馈的性质会有很大的改变。让我们再以亚瑟王为例：

> 解构性的亚瑟王：你提出的想法很周到，加拉哈爵士，对此我们都很感激。我个人怀疑，减少比武中的流血几乎肯定会导致观众人数减少，我个人觉得这一结果并不令人满意。但可能我错了，你

和在座的其他人对此可能会有不同的见解。我们可以一起进行探索，甚至收集相关证据。无论如何，这个主意在实践中可能很有实用性……

凯根和莱希认为，解构性批评能通过打开其他关闭的途径，为解决问题和学习提供更多交互式的方法。

显然，解构性反馈比破坏性反馈甚至建设性反馈能提供更多的交流。它提供了积极的象征性行为，并且拓展了讨论的范围，通常在其他情况下，这些讨论可能是不被允许的。

不过，解构性反馈也存在一些有趣的问题。有人可能觉得“解构性的亚瑟王”看上去像个胆小鬼。是有这个可能，这要看情况。像亚瑟王这样的领导，要操心的不只是某次互动的质量，还要维持自身地位以及他人对自己的信任。开放性讨论并非唯一的象征性行为。象征性行为还可以是带着权威感来做出合理的判断。

正如前面所描述的交流式反馈一样，阐明事实、关注值得肯定的方面、提出疑问和顾虑，并不需要一位“解构性的亚瑟王”。相反，亚瑟王可以选择以一种更权威但并非命令式的方式来处理问题。在特定的场合，亚瑟王需要做的，很大程度上要基于情况来判断，这也是强有力的领导所擅长的情境判断力。记住，凯根和莱希并没有说主观判断总是错的。

更深层的寓意是，很多互动模式，如一分钟称赞、一分钟批评以及行动后反思、“根回し”、解构性反馈等，可以避开否定式反馈和调解式反馈，还可以通过多种方式体现交流式反馈的重要特征。它们各不相同，也不完全是拥有不同名字的“玫瑰”，但肯定都属于同一类别。

主动抑制否定式反馈和调解式反馈

交流式反馈的确很好，但实际应用时会发生什么呢？解构性反馈、“根回し”及其他方式也存在同样的问题。接下来，我将就交流式反馈和大家分享一些切身经验。

我和同事在很多场合都推荐过交流式反馈，得到了令人满意的效果，即“反馈梯表”，其中每一级代表一个步骤。在涉及范围最广的例子中，我们与大学合作，进行了多年的行为研究项目，会计、采购代理、律师、基建部门管理人员等都参与其中。反馈梯表是若干工具中的一个，旨在支持良好的知识处理和象征性行为。虽然无法单独将交流式反馈的效果区分出来，但管理人员告诉我们，这个方法特别有用。

行动倡议的确也带来了一些可喜的成果。调查显示，办公室职员感到自己在工作中更有合作性了，个人价值也得到了提升。而且，大家感受到了更多的自主性。反思行为变得更常见，大家可以就如何改善行政流程进行反思，反思也能持续下去。

不过，这并不意味着一切都会顺利，不会出现麻烦。事实上，还是会有阻碍不时地影响进展。下面是关于交流式反馈的一些值得借鉴的内容。

刚刚接触这一方法的人，往往会将它与否定式反馈搞混。他们在提出问题以阐明事实的时候，可能会带有攻击性的批评。举个例子，想象一下亚瑟王对加拉哈说：

> 我来问个问题，把事情搞清楚。你用脑袋想一想：在比武中将矛头尖刺去掉后，人们还会前来观看吗？

在阐明事实时有所顾虑很合理，但亚瑟王应以一种更开放的方式表达：

> 我来问个问题，好把事情搞清楚。你有没有想过，比武风险哪怕稍微有所降低，也将会影响观众的热情、观看的人数，还有其他相关的事情。

虽然亚瑟王在这个时候确实可以提问，但如果他真的想避免正面的否定式批评，他应该先倾听，之后再提出具体的顾虑。

刚接触交流式反馈的人，经常会以敷衍而非真诚的方式进行评估。想象一下亚瑟王如果像下面这么说会怎样：

> 从积极的方面来看，这个想法的确很聪明。但我们得尊重事实，我们不可能……

这样的回应几乎未对加拉哈具有独创性的观点表示称赞，是一种很糟糕的象征性行为。而且，这些回应也没有向加拉哈提供任何有关其想法的信息，是一种很糟糕的知识处理方式。我们在前面已经阐释了亚瑟王应该如何回应更合适。

在不同的情况下，参与者为了不采用交流式反馈，能很快找到各种借口。下面列举一些借口以及他们的看法。

- **如果公开的观点存在严重缺陷，难道我不该直接一点，而不是假装友善吗？**交流式反馈不代表不能直接表达，它要求更加坦率，包括提出否定式的信息，但也要求阐明事实，并对积极的方面给予肯定。也许公开的观点似乎不切实际，或漏洞百出。也许你已经计算出了损失。但你很可能并未完全理解这一想法。它肯定有一些积极的方面值得肯定；而且迟早会证明，它能带来更好的想法。另外，当你认为某个观点存在严重缺陷的时候，你的象征性行为会变得尤为重要。你可以像交流式反馈那样，表达出自己的强烈顾虑，但接受反馈的人很可能会认为你的回应非常消极，对谁都没有好处。

- **既然从根本上来说这种决策并不民主，难道我不该直接卸下伪装吗？**交流式反馈不是在讲民主，而是为了增进知识、加强凝聚力。国王就是国王，但如果想坐稳江山，即使是国王也得操心知识储备和凝聚力问题。对加拉哈的提案进行总结时，亚瑟王可能会这样回应：

> 很高兴我们进行了全面的探讨，我想大家都认识到了这个想法的价值所在。不过，我们得先将它放一边，至少当下要先放一放。这个想法的确能带来实在的好处，但目前看来，它带有的风险和需要为之付出的努力似乎大于所能带来的好处。感谢各位一起对此进行了全面的思考。

- **如果我真的很忙，就不能直接指出需要改正的地方吗？**这叫目光短浅。如果没有交代清楚，根本无法知道哪里需要改正。除非积极的方面已得到认可，否则接下来它们很可能被丢弃。假设助手给了你一份似乎存在漏洞的草案，你可能会想让助手拿去进行修改。但也许助手已经深思熟虑过了，但仍未看出其中的漏洞。此时，你最好先让助手阐释清楚！这份草案中有值得肯定的内容，你可能希望它们能在下一份草稿中被保留下来。所以，你最好具体地说出哪些值得肯定！另外，交流式反馈并不需要花太多时间，与大多数互动模式一样，它还有个特点，即具有弹性：有时候可延长，有时候可紧缩。旨在阐明事实的一个问题，一些真挚诚恳的肯定，再加上几点原则上的顾虑，问题可能就得以解决了。

- **我应该一直采用交流式反馈？**不是的！这就有点太过了。前文已经提到，否定式反馈和调解式反馈在特定的场合比交流式反馈更合适。在紧急情况下，我们需要纠正错误，这时候就需要否定式反馈了，比如前面提到的刚学会走路的小孩跑到大街上的例子。而在有些情况下，反馈不但没有用，还可能导致彼此疏离，这时候就需要调解式反馈，比如塞尔吉奥，他本可以用模糊的方式对亨利的设计方案做出肯定的评价。交流式反馈虽然经常能够更好地发挥作用，但并非永远如此。

从阐明事实，到尖锐的批评，再到“实在太忙”等借口，我们通过观察辨认出了一种防卫模式：人们常以不同的方式退回到否定式反馈或调解式反馈，尤其是否定式反馈。访谈和一些其他调查显示，这不是对交流式反馈存在异议，相反，人们欣赏这一做法。这主要是出于习惯的力量，以及大家误认为否定式反馈能更高效地适应繁忙的生活。我们发现，人们需要做的，不仅是要尽量采用交流式反馈，还需要主动抑制旧的习惯。

适用于交流式反馈的事物，同样适用于退步的原型和进步的原型。在很多情况下，退步的原型占据主导地位，且不容易被摒弃，即便人们意识到摒弃它们能带来好处且乐于这么做，也不例外。

主动抑制：高效地运用进步的原型，不只是愿意运用进步的原型，还要主动抑制退步的原型。

回忆一下，在加拉哈提出橡胶矛头时，亚瑟王是怎么想的？亚瑟王不喜欢这个主意，但他控制住了自己的情绪，并没有马上给出权威性的回应。这就是圆桌思维。如果一时冲动想直接给出否定式反馈，想在谈判中采用明确的敌对姿态，或者在重要决策中不与其他利益相关者商讨，或者陷入其他退步的原型时，每名重要的圆桌成员都需要采取这种主动抑制的做法。

反馈的提供者和接受者

前文提到，作为视觉技术公司的一位开明的部门领导，弗农展示了一种进步的风格。假如你是该公司的一名员工，在工作上与弗农有着密切的联系。你可能会心想：弗农很坦率，我挺喜欢他做事的风格。如果我有看不惯的地方，我应该利用适当的交流式反馈直截了当地跟他说。

也许你并不一定要这样做。因为交流式反馈是传达信息的一种方式，需要有礼貌，且传达的信息要言之有物，而且在人际关系和组织智能方面，反馈仍是一个非常敏感的问题。

反馈的受欢迎程度，取决于谁给出反馈，谁接受反馈。

有一句现成的话可以说明这一点："轮不到你……"比如，"轮不到你向领导提供反馈"，哪怕领导思维开放。

在未经请求的情况下，以权威的姿态给人反馈，并不是明智之举。反馈的信息可能公平有用，但这一象征性行为对权威构成了挑战。正常情况下，权威意味着给出反馈的权力。除非给出的是调解式反馈，否则，其他反馈都是在质疑权威人士的地位。也许这个人的地位确实该受到质疑，但你不能寄希望于通过公平竞争的环境来实现。

概括地讲，提供和接受反馈是一种错综复杂的社交活动，起初看起来可能不那么明显。这不仅是提供何种反馈的问题，更是向谁提供反馈的问题。如果选错了人，即便是调解式反馈，也可能会得罪人。

那么，谁可以反馈给谁呢？纵观人类行为的复杂性，有一些普遍存在的规则，大致如下：

- **权力关系。**上级通常有权也确实有责任在其权威范围内提供反馈，如领导向下属，父母向子女，老师向学生，等等。在未得到请求的情况下，向上级提供反馈通常而言并不合适。
- **交易关系。**做买卖或购买服务和产品使得双方之间能提供反馈，并寻求补救，例如，购买的商品存在缺陷，或者账单被退回等。
- **利益相关关系。**当共享利害关系的时候，大家就有权针对可能影响共同利益的行为给出反馈。股东有权对公司的经营状况进行评价，商业合作伙伴有权对对方的规划进行评价，等等。
- **朋友关系和同事关系。**此类关系通常比较复杂。多数情况下，相关人员期待得到调解式反馈：作为朋友或同事，你应该给予支持；在未经请求的情况下给出批评性反馈，这种象征性行为就有了上下级关系的意味。不过，为了避免朋友或同事出现重大过失，批评性反馈有时很有必要。
- **需求反馈。**无论在何种关系中，他人只要有要求，你便可以提供反馈。例如，领导可能会要求下属就某项计划或某个产品提供反馈，甚至对公司整体的事宜给出反馈。父母也可能希望从孩子那里得到反馈，比如如何过好暑假、晚饭好不好吃以及双方现在相处得如何等。朋友之间则可以就人际关系问题、投资机会或个人相貌等给予反馈。而对权威人士而言，就大家关心的问题寻求反馈尤为重要，因为如果不这样做，他们可能得不到多少反馈。

不过，这些规则本身并不完备，可能很容易相互冲突。例如，当领导或朋友要求反馈的时候，不要忘了他们依然是领导或朋友，这时候，提供交流式反馈而非否定式反馈尤为重要。否则，象征性行为就是对这种关系的一种挑战。此外，下属可能也是利益相关方，或者领导与下属可能是朋友，或者朋友也可能是合作伙伴等。多重角色需要多重规则，那么，该怎么办呢？

此时就需要权衡各个方面了。当我们要提供反馈时，就如同穿越社会规则的雷区，每一步都有踩雷的风险。那么，这是否意味着，我们应该总是得小心翼翼，以保证反馈在安全恰当的范围内呢？不，当然不是！对于严重的情况，我们当然可以不顾通常的礼节，给出可能会被视为不合适的反馈。

假设你看到有人在做会让自己身处险境的事情，可能对方甚至没有意识到个中危险。此时，这虽然与你没有关系，但从基本的人性出发，你也许应该出面进行干预。或者，假设你有理由相信，领导可能会在某件与你无关的事情上犯严重错误，你也许应该指出其中的隐患，即便你明显是在挑战权威。事实上，人们总是会做这样的事。换句话说就是：

并非“永远不要破坏规则”，而是“对于问题，不要显得幼稚”。

在很多场合，谁给谁提供反馈的规则很有必要打破。我们只需要留意自己的越界，并对他人可能采取的行动做好心理准备。

反馈面临的现实挑战

前文提到的图像技术公司的伊恩，为大家展示了退步的互动是如何进行的。假设你同伊恩一起工作，你也许渴望交流式互动，但你不太可能从伊恩那里得到。你也不愿意给伊恩提建议，告诉他应该如何向你与其他人提供反馈。伊恩不会欣赏这种做法。更糟糕的是，伊恩的做事风格影响了整个小组，形成了一种否定式文化。那么，你该做些什么呢？

这其实是一种“专制困境”，也是一种恐龙困境，它指的是进步的互动很难进行的情形。在反馈问题上，专制困境无处不在。在这个世界上，除了伊恩这样的人之外，在很多团队中，否定式文化或者调解式文化根深蒂固。

人与人之间的敌对会让反馈变得尖锐。紧急情况和高风险会导致压力和焦虑，进而使得对话变得具有否定意味。

当然，在某些情况下，最好的做法就是：低头不语，心怀希望，默默忍受。不过，有些专制力量并不像他们最初看起来那么强大、那么可怕。

在挑战的气氛中

有交流式反馈意识的人，无论发生什么事，总会努力争取给出这样的反馈。想象一下：伊恩有个与他对着干的下属伊娜。当伊娜该提供反馈的时候，她可以控制反馈的类型。如果伊恩要求伊娜就某事发表看法，伊娜可以采用交流式反馈。如果在会议中，否定式文化占据优势，那么伊娜至少可以在自己发言时保持交流式反馈。如果其他人都扮演老好人，通过令人舒适的调解式反馈将真正的问题隐藏起来，那么伊娜可以站出来，阐明事实，做出积极的评价，然后表达自己的顾虑，从而打破自欺欺人的恶性循环。

伊娜的影响可能不止于眼前发生的事。有些人很有毅力，也有良好的技巧，在团队中发挥着发展型领导者的作用。无论立场如何，这些人都会培养更加进步的团队文化。如果伊娜身处于更有权力的位置上，比如小组领导，那么这一切就更有可能发生了。前面的分析证明了一个道理，同样也是一种常识：领导对团队文化有着巨大的影响。人们往往会根据领导的风格来塑造自己的对话类型。如果你处于这样的位置，采用并坚持交流式反馈，其他很多人也会很快学到这一点。

面对消极的人

接受反馈的人可能常常要求得到自己想要的反馈模式。想象一下：伊娜等人与令人敬畏的伊恩坐在一起讨论。伊娜刚刚讲完了她的提案，提出了一个新倡议。她说："我知道自己肯定还没有完全解释清楚，所以如果我们能展开讨论，提出问题，进一步阐明，稍后再讨论好的方面和坏的方面，那将会很有帮助。而如果您能告诉我您喜欢哪一点，我就能了解到优势在哪里。当然了，我们之后会来讨论困难，并一起努力解决。"

这时，伊恩会如何回应？谁知道呢。他可能会不顾伊娜的诉求，上来直接就说他不喜欢的地方或喜欢的地方。但他也有可能会顺其自然。如此，至少伊娜尝试过了！

压力增加时

在有压力的情况下，如当事情紧急、利害关系重大时，或很多不大不小的任务堆积在一块儿时，另一种专制力量会爆发。在这种情况下，进步的原型会退回到退步的原型中去。即使像伊娜这样的人也可能会屈服。面对这种有压力的境况，应尽可能地保持警觉，并主动地抑制倒退的自然趋势，即前面提到过的主动抑制。

然而，偶尔的倒退无法避免，此时人们往往将倒退理解成一个信号，即进步的原型已经不起作用了。此时重要的一点是，要让像伊娜这样的人意识到，这种倒退是困境中自然而然产生的意外状况，可以与之对抗。随着积极的行为越来越融入团队文化，倒退会逐渐消失。要能够认识到倒退，对此感到失望，然后采取良好的行为，并坚持下去。

专制很危险。它不会跑到某个角落躲起来。在困境中寻求交流式反馈，不仅值得，而且也有可能。反馈困境有可能非常进步，但实际上往往是退步的，这意味着，仔细认真地对待反馈，是在群体和组织中建立流程智慧和人员智慧的基础。

接下来的一章，我们来探讨组织中最棘手的问题之一：卓越的领导才能的本质是什么。

KING ARTHUR'S ROUND TABLE

工具箱

- **培养对原型的认知。**注意到身边的三种反馈原型，即否定式反馈、调解式反馈和交流式反馈。特别要留意否定式文化和调解式文化。
- **抵制恐龙悖论。**这种情况对退步的互动有利。按交流式反馈的步骤去做：构建积极的框架，阐明事实，重视积极因素，提出顾虑和建议，最终得出积极的结论。
- **称赞并鼓励具有交流式反馈特征的做法。**如一分钟称赞和一分钟批评；行动后反思；通过小型对话网络建立共识的“根回し”过程；解构性批评；等等。
- **主动抑制否定式反馈和调解式反馈，除了适用的情况外。**避免以下失误，比如为了阐明事情而提出明显带有批评性的问题，或者在肯定长处时敷衍地说“那挺好的，但是……”。此外，要避免以下借口，如“我没有时间”“这个想法的问题太明显了，不必在它上面花时间”等。
- **尊重有关谁能给谁反馈的默认原则。**当你觉得有必要打破这些原则时，不要显得太幼稚，要先想想后果。
- **努力应对专制困境。**比如具有挑战性的氛围、否定式的人，以及充满压力的环境。设法给出并要求得到交流式反馈。努力发挥发展型领导者的作用，成为他人的模范和向导，推动团队远离否定式文化和调解式文化。

KING
ARTHUR'S
ROUND
TABLE

第5章

要做领导，不要做领主

领主与领导

我在年轻的时候，曾是哈佛大学教育学院的一名研究人员。当时，我经历了几次职业生涯中的严峻考验。其中一次与当时的两位高层负责人有关。由于有人正在运作研究项目，我需要时不时地向他们请教。具体要找哪位负责人，则取决于问题的实质。每次我去拜访其中一位的时候，她总对我说："因为制度不允许，所以我们不能那么做。"

还有很多人遇到了类似的问题。有时候，通过与这位负责人交谈，我们能找到方法来获取自己需要的东西，但她在举手投足之间似乎总传递出某种重大信息，即"组织及其制度比你的问题更重要。你来这里是为组织服务的，而不是组织来为你服务"。因此，我觉得她像个"抑制者"。

当我拜访另一位负责人来解决问题时，我就会觉得自己很幸运。对于别人提出的问题，她的回复通常是："因为制度不允许，所以问题很棘手。不过我们也许可以找到解决方法。”我们会坐下来探讨：这样行不行，那样行不行；好，就这么做。

我并不是说第二位负责人耳根子软。她也会不时地说：“我们必须严格按照制度来处理，原因是……”然而，我们通常能找到向前推进的方向。她的行为传递的信息与上一位负责人很不同，她似乎在说：“组织可以为你服务。”其他人也有类似的经历，所以我觉得她是个“促进者”。

我不知道为什么这两位负责人一个是抑制者，一个是促进者。是性格、培训或不同的经历造成的吗？但我学会了辨识这两种人。通常情况下，遇到抑制者令人沮丧，而遇到促进者则令人愉快。

退步的互动和进步的互动这两个概念，可以清楚地映射到抑制者和促进者这两类人身上。抑制者以退步的方式进行互动。他们不会专注于有效的知识处理，而倾向于根据这样那样的政策，将各种情况刻板化。他们没有表现出积极的象征性行为，却暗示人们只能服务于组织。他们象征着领主（lordship），而不是领导（leadership）。

相反，促进者则以积极的方式进行互动。他们与我们一起，共同参与解决问题。他们传达的信息是，组织旨在为成员服务。他们是具有圆桌思维的人，更像领导，而不是领主。这两类人的对比，揭示了为什么在组织智能中领导力是一个热点话题。

用抑制者和促进者来解释领导力，似乎比较奇怪。他们只是中层领导。但谁说领导一定要站在顶峰呢？为了理解领导这一角色，我们先来了解一下领导都做些什么。

方向与动机

再从亚瑟王说起。对于亚瑟王，重要的并不在于他是一位国王，而在于他是一位怎样的国王。大多数国王不太可能被后人记住，而那些被人记住的，多是可怕的屠杀、合法的掠夺或可笑的无能。而亚瑟王在国王声名方面似乎处于劣势，因为正如本书开始提到过的，这个人物甚至可能并不存在。但他却以积极的形象被人们铭记，皆因他是一位独特的国王，说得更确切一些，是因为他的领导方式。

那么，真正的领导都做些什么呢？解开这一谜题的方法之一，是分清两种情况：需要常规管理的情况和需要领导角色的情况。二者之间必然没有绝对的区分，管理者可能是领导者，也可能不是；而领导者可能是管理者，也可能不是。认识到这一点，就能理解下面的故事了。

在组织内部，管理需求始于交易。

交易：你在特定的方向付出努力，就会获得某种奖励作为回报。

在亚瑟王的年代，骑士和扈从之间标准的交易是：骑士资助扈从，并教他们如何成为骑士；扈从则看管骑士的盔甲，帮助骑士穿戴及与骑士并肩作战等。如今，组织中的标准交易包括薪资、奖金，以及取决于努力和表现的晋升。当然还有其他形式的交易，比如在古代，国家为人们提供生活必需品、地位以及战争的战利品，以交换人们服兵役；或者为人们提供有序的社会管理，保障人们的安全，以使人们上交部分粮食所得。在任何一个案例中，人们都可以讨论交易公平与否。而对交易进行恰当的阐释，自然有助于良好的交易顺利完成。

交易承担了组织人员和流程的常规管理，从而使得工作能够优质高效地完成。这可以是一件相当直接的事。管理者明确流程，指派角色。人们知道该如何完成自己的工作，或者有标准的教授方法。奖励系统的存在使得人们乐意这么做。在理想的情况下，人们对于交易感觉良好，并且很清楚要做什么，一切都会进展顺利。

但交易的过程并非总是那么顺利。有时会出现意料之外的竞争者，有时需要拯救某个项目，有时会出现新的挑战或发现问题比预想的严重。换句话说，有时，在面对交易既定常规之外的紧急状况时，人们要有良好的方向感和灵活性。有时，由于情况所需，额外的付出、经历、忍耐力及个人和集体的创意必不可少。所有的这些会导致以下问题。

> **关于领导力的“方向”和“动机”的问题：当人们看不清前进的方向时，除了交易，我能做什么？当人们缺乏前进的动机时，除了交易，我能做什么？**

领导力相当于用回答方向和动机的方式与团队进行互动。然而，解决方向和动机的问题，未必意味着要自己找出答案，然后直接告诉人们怎么做、为什么这么做。通常，艺术化地进行领导并不是直接的。

高效的领导也并非超级明星式的领导。商业学者詹姆斯·柯林斯（James Collins）与某研究团队对一些公司进行了长达 5 年的跟踪研究，结果显示，随着时间的流逝，有些公司进行着从良好到优秀的持续转变。引发争论的一点是，这些公司的领导者绝大多数都默默无闻。这些领导者的作风是“自我隐没型”，而非“自我膨胀型”，他们都坚定地致力于企业的成功。相反，对照组的企业则显示出更多的“名人综合征”。明星式的领导可能在其任期内取得成功，但如果没有他们，组织则无法很好地运转，而他们也常常不会安排有能力的继任者。柯林斯写道：“我们发现，在对照组中，有超过 75% 的公司经营者在继任者的设置上很失败，或者选择了能力较弱的继任者，或者两种情况皆有。”

由此可见，领导力有很多种类型，它们以不同的方式解答有关方向和动机的问题。纽约州立大学的伯纳德·巴斯（Bernard Bass）对交易型领导和转换型领导进行了极富洞察力的对比。对于交易型领导，处理事务就是交易：用努力和忠诚换取利益。如果交易没有导向所需的方向和动机，交易型领导会在当前交易中提出更明确的方向，或者制订一个修正了方向、激励性更强的新交易。

而转换型领导要求的不仅是对交易进行修补。正如人们通常所理解的那样（根据资源的不同，会有一些变化形式），转换型领导会预测一种愿景，帮助人们投身其中，并且向人们展示实现这一愿景的道路，就像摩西、圣女贞德、甘地、丘吉尔，以及 20 世纪 80 年代早期克莱斯勒汽车公司的李·艾柯卡（Lee Iacocca）那样。这种风格的领导通过指明远大愿景的方向及对其进行详尽的描述，来启发人们。

此外，领导力还有其他多种类型。命令和控制型领导就是一种常见的类型。这种领导力类型，如果没有陷入盲目专制，那么可以在军队和一些其他场合发挥很好的作用。另一种更少见但更受欢迎的，是促进型领导：领导者支持、推动、引导、指导、授权，并以其他方式推动团队的合作与发展。促进型领导从不高高在上，提供不切实际的幻想，而是协助人们来回答有关方向和动机的问题。还有一种是魅力型领导，它与提供幻想的领导风格类似，但如果比较其中的某一方面就会发现，这种个人魅力会令人震惊，有时甚至导致盲目的承诺。

实际上，好的领导未必像奥林匹斯山的宙斯那样，在山顶发号施令，并通过霹雳来增加威信。中层管理人员也能像领导那样做事。有经验和智慧的人，即使没有任何权力，也能发挥领导的作用。从行政办公室到收发室，任何级别的组织严密的团队，经常能够进行自我领导。即使团队有一个名义上的领导者，团队成员也会根据兴趣和专业知识，在具体事务上形成实质性的领导权。

组织理论学家彼得·圣吉（Peter Senge）及其同事共同确定了三种特别重要的领导力。一是行政领导，如首席执行官，他们可以贡献出远见和整体的政策，不过他们并不直接与完成工作的基层接触。二是本地路线领导，他们是最重要的领导，因为他们监管着组织中的生产核心，起着重要的作用。三是网络领导，如顾问、协调员、组织内部跨部门的咨询师等，他们通过观点和发人深思的问题帮助不同部门更好地相互促进。虽然这类领导往往缺少政治权力，但矛盾的是，这能增强他们的影响力。他们更像是在播种，而不是颁布命令，但种子常常能产生更有利的作用。

除了认识到领导能在不同层面上发挥作用以外，我们也能很好地认识到，领导还能以不同的角色发挥作用。有政治上的领导和管理上的领导；有的领导是首席知识官，负责组织内部的知识管理；大学教授中有智力领导；政府和行业实验室有高级研究员。不同群体中也有各种各样的领导：公职人员、协会组织者、镇长及部长。在社会中，经验丰富的人扮演着领导角色，他们见多识广，在维和部队、消防队或修理店中能与他人分享自己的专业见解。当然，还有临时的领导角色，他们很有能力，但没有特别的权力、地位或高度的专业性，他们会在合适的时机，通过正确的观点和恰当的热情进行指导。角色本身无法成就重要的领导，一切都取决于领导者如何在实际环境中通过具体行为来解答有关领导力的方向和动机的问题。

头脑里有了这幅关于领导力的画面，就值得来回顾一下，抑制者和促进者分别处于画面中的什么位置。领导走下神坛的结果之一就是，这两种人将拥有各自的位置。他们不需要有顶级的视野去统领整个组织的核心和思想。我们从促进者的进步的谈话中可以看出，他们是彼得·圣吉所指的本地路线领导，发挥着促进型领导的作用，通过全心投入和深思熟虑，行使行政管理职能，与同事共同建立真正有智慧的合作伙伴关系。而我们从抑制者退步的作风中能认识到，他们在领导方式上存在某种矛盾：重视自己的行政管理职能，但其做法却给同事带来了很大的阻碍。

领导力原型

关于领导力的文献，异彩纷呈。不同的时期出现了不同的概念，如交易型领导、转换型领导、命令和控制型领导、促进型领导、愿景型领导、魅力型领导、服务型领导及适应型领导等。此外，不同场合也有不同的领导力类型，如在写字楼、体育场、教堂等。通过找出最基本的互动原型以及反复出现的模式，我们可以将领导力归结为几类原型，就像分析反馈时所做的那样，这么做将会很有帮助。

我们从很多概念中可以看出，虽然存在细微差别，但领导力似乎有 4 大类原型。我将其分别称为回答中心型领导、愿景中心型领导、询问中心型领导和不予干涉型领导。

每种原型都用完全不同的方式回答有关领导力的方向和动机的问题，使得 4 种原型之间形成了鲜明的对比，不过在实际情况中，领导者肯定会将它们结合起来。下面我将简要地阐述这些原型，并简单地描述它们是如何回答方向和动机的问题的，然后分别对其进行探讨。

- **回答中心型领导。**宣布要做什么和为什么。（这为人们指定了方向，将动机问题主要留给交易来解决。）
- **愿景中心型领导。**对于总体方向提出强劲而充满活力的愿景，并付出巨大的个人投入。（总体愿景提供了广义的方向以及鼓舞人心的动机。）
- **询问中心型领导。**通过询问、推动以及建立支持询问的群体和组织结构，在不同层面上鼓励大家询问。（通过在整体议程中找到自己特定的关于方向的答案，人们会提高个人和集体的能力，找到关于动机的答案。此外，领导者可能需要团队的协助来找到更好的方向。）

- **不予干涉型领导。** 让人们自己寻找到出路。（因为到最后，在整个议程中，人们总要学会找到各自以及集体的关于方向和动机的答案。这也有助于认识到哪些人不可或缺，从而确定更核心的角色。）

回答中心型领导

亚瑟王：晚上将吊闸放下来！这样才安全！

这其中所涉及的问题是，在黄昏之后、黎明之前，要对吊闸做什么。如果亚瑟王像这个例子中表现出来的一样，以回答为中心，那么，他可以轻易地决定这件事，乃至几乎其他所有的事。通过回答来领导，当然是最自然的一种领导力原型。有些事情你知道，但是别人可能不知道，那你就直接告诉他们。

对于方向和动机的问题，回答中心型领导会通过阐明需要做什么、怎么做，可能还有这么做的目的，来提供方向。对于动机，回答中心型领导所做的并不比交易型领导好多少，但可能会稍微增加人们的安全感，有时这也很重要。换句话说，在有些人看来，回答中心型领导与前面提到的交易型领导或命令和控制型领导类似。

在很多情况下，回答中心型领导很重要，他们能通过指出明确的方向来解决摇摆不定的状况。还有一点也很重要，那就是要认识到，以回答为中心不等于只做回答。狭隘的领导风格几乎不能解答任何问题、愿景，也不能独善其身，这会导致极度死板。

这种情况并非不会发生。回答中心型领导可能会轻易地陷入病态之中。他们带有领主的两种风险特征：一是微观管理，不断地告诉别人要做什么，而实际上这些人并不需要；二是专制主义，专横地对待拥有自己想法的人，这些人很快会被动或主动地抵制或离开。在本章开头描述的两名管理人员的故事中，抑制者不只是回答中心型领导，还带有病态的专制主义。

这两种“病症”带来的一个普遍的不良后果就是恐惧。一位优秀的回答中心型领导会像一位内心强大而公平的父亲，能给人以心理上的安全感，而微观管理和专制主义通常会导致恐惧。安全感普遍被认为是合作的重要润滑剂。哈佛大学商学院的艾米·埃德蒙森（Amy Edmondson）及其同事对一个心脏外科手术小组进行了调查，结果他们发现，小组领导创造的安全感或恐惧，是影响小组学习和表现的重要因素。

除此之外，回答中心型领导还存在其他三种局限。一、不能针对领导目标的动机给出有力的解释，而是将大部分任务留给了交易。二、未能促进参与者个人或集体的成长，这些参与者都变得依赖领导。这对参与者而言可能很不幸，对领导来说同样如此，因为领导可能会陷入提供解决方案的固定角色中，且往往一次又一次地提供同样的答案。三、理应给出答案的领导可能没有答案，或者没有好的答案。对有追求的领导来说，这样的问题会促使他们寻求其他原型，通过其他基本措施来应对领导力的困境。

愿景中心型领导

> 亚瑟王：晚上要怎么安置吊闸并非特殊案例。重要的是，我们要对城堡内外的所有人传递一种信息，那就是我们在这里保护着他们。这是我的责任，也是你们的责任。现在，让我们来思考一下，在这个案例中，它究竟意味着什么……

以愿景为中心的领导，是对方向和动机以及回答中心型领导的局限的自然反应。领导者为团队的任务和追求描绘了愿景，展现并要求积极的投入。这一愿景将其他人都纳入进来，并使之与当下的情况联系在一起。愿景可能是领导自己的，也可能是领导在集体中发现的，然后将其描绘出来并使其变为现实。有时候很难分辨二者的区别。彼得·圣吉在《第五项修炼》(*The Fifth Discipline*)一书中强调，很多领导者都有愿景，但有效地培养并分享愿景的领导者并不多。要知道，共享的愿景才能驱动人们的思想和心灵。

实际上，回答中心型领导和愿景中心型领导有着某种联系。回答中心型领导给出特定的答案，而愿景中心型领导提供的是更宽泛的答案：指出整体方向，并告诉人们当前的计划。在与愿景中心型领导有关的文献中，还包括转换型领导、愿景型领导及魅力型领导等概念。

需要强调的是，“中心”的部分需要认真对待。高效的愿景中心型领导不会完全依赖愿景，而是会进行适当的询问、回答，还能独善其身。在大多数情况下，领导者依靠交易来提供进一步的动机。

与其他原型一样，愿景中心型领导也有自己的“病症”。其中最恼人的可能不是启发性的愿景，而是盲目的愿景。魅力型领导会激发毫不理智以及极具自我毁灭性的献身。

前面的章节提到过的安然公司的倒闭，就展现了一些迹象。杰弗瑞·斯基林一开始是首席运营官，后来短暂地担任首席执行官，据称他是一名愿景中心型领导，宣扬高风险的竞争文化，轻视具体资产，高度赞赏聪明的交易。不过，冒如此高的风险玩火，早晚必将自焚。

询问中心型领导

亚瑟王：我们晚上是否应该把吊闸放下来？为什么？为什么不？你们的建议是什么？谁去检验和评估一下实际因素？

询问中心型领导远不止领导的直接提问。在本章开头讲述的两名管理人员中，促进者是询问中心型领导，致力于与前去找她的人共同解决问题。询问中心型领导也会鼓励其他人提问，促进对话，发起调查，且乐于接受多种观点等。询问中心型领导让其他人积极地进行思考，帮助他们从中获益。

除了与人直接交流外，询问中心型领导还会促进建立支持询问的组织结构，如由不同专业人士组成的小组，有利于组织之间互相对话的矩阵结构，或者支持为存在风险但潜力很大的创新进行的小规模测试。换句话说，询问中心型领导会参与组织的构建，并促进丰富多样的人际关系。

前面的章节中曾提到过罗莎贝斯·莫斯·坎特的分散主义，即以控制和命令的名义划分组织。坎特进一步指出，组织需要通过划分结构来维持常规运作。她建议，用平行参与的组织来补充这些结构，有意识地将不同级别和部门的人员混合在一起，以促进灵活地发现问题及解决问题的方式，构建一种富有创意的网络。这正是询问中心型领导可以努力建立的结构。

询问中心型领导看重询问，但并非只使用询问。当领导力的作用是推动做出某些决定或颁布某些命令时，领导者确实会这么做，而且会进行适当的咨询。如果领导者心中的答案是大家所需要的，那领导者会向大家提出来。当然，这种风格的领导常常会将事情搁置一旁，有时也会在询问之后提出一些看法。如果处理得当，所有的这些都会支持而非抑制询问。懂得技巧的询问中心型领导常有一种魔力，能在对话中加入大量实质性的内容，同时让人们感觉到，这些计划和决定是大家在共享权力的环境下共同完成的。

在《哈佛商业评论》（*Havard Business Review*）的一篇文章中，罗纳德·海费茨（Ronald Heifetz）和唐纳德·劳里（Donald Laurie）研究了 20 世纪 80 年代英国航空公司的首席执行官科林·马歇尔（Colin Marshall）是如何引领一场变革并倡导询问流程的。当时，马歇尔认为，英国航空公司是一家死气沉沉的企业，为客户提供的服务很糟糕，被客户戏称为“糟糕透顶”。马歇尔发现，除了运营方面的问题之外，英国航空公司还存在文化方面的问题，如信任问题、责任问题，以及对待客户的问题。后来，马歇尔发起了包括公司领导方式在内的询问流程，而不是下令整改。团队向机组人员、乘客候机室、航班预订中心征询了观点和意见。

他们认识到，冲突不仅存在于需要解决的独立问题之中，还存在于企业文化中潜在的问题之中。这一过程包括让高层对自己的行为进行检查，以及检查自己在何种程度上为解决问题做出了贡献。通过这样的询问流程，马歇尔对英国航空公司的领导力问题得出如下结论：问题并不是出在技术方面，因此不能通过调整系统来进行有效解决；问题出在文化方面，这需要对文化进行大规模的转变，转向有责任的合作以及投身于更好的服务表现。后来，英国航空公司得到了巨大的改善。海费茨和劳里将此视作适应型领导的一个例子。当组织面临的不只是技术难题，还存在对文化和发展方向的根本挑战时，就需要这种领导力。

总的来说，询问中心型领导回答方向和动机的问题的方式，是帮助参与者找到方向，并用心理学家所说的“内部动机”为人们提供动力。虽然双方的交易仍是一股重要力量，但如果人们参与到寻找和选择方向的过程中，他们付出的投入往往比在交易中的投入更多。在文献中，与询问中心型领导类似的概念包括促进型领导、服务型领导和管家型领导。罗纳德·海费茨在他的《并不容易的领导艺术》（*Leadership Without Easy Answers*）一书中，提出了促进型领导的概念，这一概念有显著的询问中心型特征，虽然它解决的是组织需要进行重大调整的情况，但这通常是愿景中心型领导所负责的范畴。

与回答中心型领导及愿景中心型领导一样，询问中心型领导也有其“病症”，其中之一就是“促进不足”。促进询问比提供答案要难得多，它需要一系列技巧。如果一个人有可能成为询问中心型领导，但他缺乏必要的艺术和技巧，那么群体或组织可能会摇摆不定，容易浪费时间，还会失去信心和奉献精神。领导可能会将其总结为“询问无效”。询问中心型领导的另一种“病症”是“假性开放”，即领导将自己呼之欲出的答案伪装成了询问姿态。真正的询问中心型领导要跟随问题的引导，而不是操纵整个过程，使其回到领导已确定的答案上去。“假性开放”很容易被发现，询问中心型领导所营造的信任关系将遭到破坏。

不予干涉型领导

> 亚瑟王没有发表任何关于吊闸的言论，但他一直在观察，看看城堡中的管理小组会做什么。

不予干涉型领导在回答有关方向和动机的问题时，多少会有些自相矛盾，有时甚至会用很别扭的方式来解决。其中的哲学思想是对他人不加干涉，给他们机会努力排除障碍，并找出不可或缺之人。

在了解到人们怎么做之后，领导者可能重新分组，提拔一些人，甚至解雇一些人，如此一来，不可或缺的那些人，也就是那些可以独立地高效工作的人，就可以处在指导工作的位置上。不予干涉型领导并不直接回答有关方向和动机的问题。他们拒绝提供广泛任务以外的任何方向，也不会采取特别的行动来激励人们超越交易。不过，不予干涉型领导能间接地指明方向，并产生动机，在短期内让人们利用各自的资源找到各自的方法；而从长期的角度来说，对组织进行重组对那些不可或缺之人有利。

与其他领导力的领导原型一样，不予干涉型领导只是确认了一个重心。不予干涉型领导会审慎地利用回答、询问和愿景等方式。与其他原型不同的地方在于，它的中心策略在本质上是达尔文式的，即要建立适者生存的条件。

虽然听起来似乎有些奇怪，但不予干涉型领导在许多情况下相当普遍。比如在很多情况下，助理教授都是独自展开研究的，相对来说很少能得到指导。一旦有晋升的机会，他们能否晋升取决于自己的成果。律师事务所中的年轻律师，或销售团队中的销售人员，经常会面对很多需要独自“战斗”的情况，而这时候，领导常常只是观察、筛选，而不提供指导。

同样地，与其他原型一样，不予干涉型领导也有着自己的“病症”。我的同事丹尼尔·威尔逊（Daniel Wilson）曾有过另一种说法：“抛弃式领导”，它是不予干涉型领导的一种更纯粹的说法，即只偶尔进行回答，或进行询问，或提供愿景。在这种成败自负的设定中，人们不但感觉得不到支持，还会觉得自己受到了不公平的对待，也不明确公司对自己的基本期望；当领导在没有事先宣布的情况下给他们安排任务时，他们会感到怨愤，并对领导的动机和奉献精神产生怀疑。不予干涉型领导往往难以提供安全感，而这种病态的“抛弃”会引起员工的恐惧。

询问中心型领导更为进步

亚瑟王差不多快要疯了，他吼道：“我的圆桌呢？如果你们学术圈只能建立分类体系的结构，我就去放鹰了。”

他现在在塔楼里，站在高处，不断地踱步，从东走到西，又从南走到北，咆哮着说：“领导智慧不仅仅意味着拥有一位智慧的领导。任何一个傻瓜都想要有个智慧的领导。但领导智慧是要将我的骑士们凝聚成一股高效而审慎的力量，那才是我所渴望的！”

他正在思考“是什么—为什么—怎么样”的问题，尤其是其中关于怎么样才能获取更多组织智能的部分。他在想，领导者究竟能做些什么。虽然在某种程度上他自己也是个名人，但他也认识到了詹姆斯·柯林斯所指出的问题，即名人领导下的组织常常不那么智慧。他一边掰手指一边数着：“回答，很好；询问，很好；愿景，很好；不矛干涉，很好。但我的圆桌在哪儿呢？”

其实，亚瑟王的圆桌需要的是进步的互动、流程智慧和人员智慧，以及包含良好的知识处理和积极的象征性行为的互动。所以，我们依靠逻辑推理能够知道，领导智慧意味着：在团队中促进积极的互动。

让我们再次审视前文刚提到的 4 种原型，并分别给它们打分，就像在分析反馈原型时从知识处理和象征性行为的角度打分一样。表 5-1 和表 5-2 假定了这些原型的健康形式，因为在“病态”的形式下，这些原型无一例外地会带来低效的知识处理和消极的象征性行为。

表 5-1　从知识处理的角度分析领导力原型

领导力原型	分析
回答中心型领导	+ 直接回答有关动机的问题，用自己的经验和知识为团队提供信息，指导团队
	- 假定你有很好的答案。你可能没有，或者整支团队或若干成员的答案可能更好
	- 创造出的动机极低，团队成员之间无法发展出良好的知识处理。团队成员可能会产生依赖心理，从而限制自我，同时也会困住你
愿景中心型领导	+ 通过愿景，对方向和动机给出总体的回答，人们可以对照愿景，考虑具体形势
	- 掩饰、贬低、排除不符合愿景的其他可能性，即使通过愿景使得其他人得到了提升
	- 可能会造成追随者对领导者的依赖。如果领导者离开，追随者可能会迷失方向
	- 没有从自身内部促进良好的互动来帮助集体进行知识处理

续表

领导力原型	分析
询问中心型领导	+处理得当时，围绕方向和动机能促进团队的集体知识处理 +为促进型知识处理提供模型，为他人提供信息，激励他人 -当你知道的比其他人都多时，存在未能充分利用自己的知识和经验的风险
不予干涉型领导	+为人们提供足够的空间来应对紧急情况，让他们尽自己所能，找出方向和动机的答案 -对于集体知识处理的复杂挑战，没有做出任何有所助益之事

表 5-2　从象征性行为的角度分析领导力原型

领导力原型	分析
回答中心型领导	+领导者的行为可能被视为安全可靠，一切尽在掌控之中。有关方向和动机的问题已经得到解决，继续前进吧 -领导者的行为可能被视为居高临下、令人怀疑
愿景中心型领导	+往往被视为充满希望和前瞻性，且鼓舞人心，对有关方向和动机的问题给出了确切的答案 +帮助人们对领导的奉献精神产生信任感 -如果你不接受愿景的真相，可能被视为傲慢、善于玩弄手段，或易受蒙骗
询问中心型领导	+领导者的行为往往被视为具有参与性，令人尊重 +在集体能力的基础上巩固信心 +鼓励并支持个人和集体发展更好的知识处理 -如果没有处理好，可能被视为领导者有问题、团队无能 -有时领导者可能被视为软弱无知
不予干涉型领导	+有时被视为别具一格和具有解放精神 -经常被视为冷漠和爱冒险

当然，任何原型都有各自的优缺点，即使有些原型的缺陷很明显，也能在特定的情况下发挥良好的作用。

从知识处理的角度来看，询问中心型领导胜出的趋势明显，但在某些特定的情况下，其他原型可能会更好地为团队的知识处理服务。正如表 5-1 所示，如果领导者对某种情况的经验比其他成员丰富得多，那么回答中心型领导可能会对整支团队的知识处理更有帮助；再加上一些问题及其他询问技巧，能维持团队的不断发展。想象一下，一位经验丰富的企业家能给团队带来多少实用的智慧，而这支团队里的成员从未进行过尝试。

想着这几点，让我们从象征性行为的角度来分析表 5-2 中的 4 种原型。对比再次展现了相对优势的模式，而每种原型也都有特定的优势。询问中心型领导再次呈现出最为进步的模式，不过前提是领导者能很好地进行处理。询问中心型领导所传递的象征性行为能增强团队的信心和凝聚力，激励他人尝试与之相似的进步的互动。

很多时候，亚瑟王的圆桌模型其实就是一种询问中心型领导，再适当地加上其他原型，以促进进步的互动，并将其扩展到整支团队，创造更有智慧的集体。

询问中心型领导创造进步的微观文化

既然询问中心型领导的适应性如此之强，你可能会想：这样的领导应该很常见。但实际情况再次显现了恐龙悖论的力量，即不那么进步的原型更易支配更进步的原型。原因之一就是，回答中心型领导最直截了当：你知道答案，那就告诉他人。这种“诱惑”会拓展为领导力陷阱。

> **领导力陷阱：回答中心型领导和愿景中心型领导越聪明、越有经验，就越吸引人，尽管他们的互动风格并不进步。**

聪明且经验丰富的领导者很可能知道应对某些状况的答案，包括关于愿景的重要答案，而且很有可能认为这些就是正确答案。如果领导者有确信的答案，那么为什么不放到台面上来呢？

领导者应该时不时地公布答案，但为什么他们不这么做呢？主要原因在前文已经提到过：领导者的答案有可能是错的，或者不够正确；即使正确，一连串的答案或处于支配地位的愿景可能会破坏个人和集体成长的机会，还会造成依赖，领导者和被领导者都会因此受困。而且，这一事实未能减少领导力陷阱的诱惑。当你有答案的时候，就给出答案，这很自然且不可抗拒！

举一个有关领导力的例子，一个关于回答中心型领导向询问中心型领导转变的故事。《街头智慧》（*Streetwise*）曾是一家小型杂志，长期占据着稳定的市场份额，尽管三年内订阅量在缓慢下降。关于下一步应该怎么办，不同的员工有各不相同的看法，但大家深厚的友情缓和了争议。

《街头智慧》杂志社的员工有一些小传统，其中一项还有非常具体的形式。公司的茶水间有一个手动喇叭，是从旧汽车上拆下来的，仍能发出很好的嘟嘟声。这个喇叭属于《街头智慧》的创始人，虽然多年过去了，但它仍被大家惦念着。在休息的时候，总有人会时不时地按两下喇叭，以求好运。

后来，总监退休了，来了一名经验丰富的新总监，不妨就叫他加布里埃尔吧。上任第一天，加布里埃尔着重强调了他的意图：认真聆听，与大家通力合作，为杂志重新注入活力，并扩大规模。但他在上任第一天就犯了错误。下班前，他看到茶水间放着一个旧喇叭，不知道它存在的意义，还担心它可能会给访客和客户留下不好的印象，于是他就将它塞到了柜子后面。这是加布里埃尔对“小情况”的“小答案”，他信心十足。

但这个情况并不像看起来那么微不足道。第二天，有人注意到喇叭不见了。整个上午，大家都在询问喇叭怎么不见了。后来，加布里埃尔终于也听到了。他一开始感觉很惊讶，觉得那个喇叭就是一件难看的垃圾。但他还是将喇叭从柜子后面取出来，重新放回原来的“宝座”。

加布里埃尔没有止步于此。在随后参与的第一次公司会议上，他将这个喇叭带到了会议桌上。他说：“如果有人认为我没在听，或者认为其他人没在听，或者我们应该更深入地思考某件事，那么就按这个喇叭。”

有时候他们确实这么做了。而更多的时候，他们只是说：“我要按一下喇叭了。”任何一种按喇叭的方式都能帮助大家停下来思考。

这个故事是对艺术性领导的赞扬，它不为领导力陷阱所诱惑，且能将知识处理和象征性行为一起编织在高效的进步的互动中。喇叭的历史以及加布里埃尔对喇叭的态度，赋予了《街头智慧》杂志社的企业文化重大的象征意义。它再次阐释了发展型领导的观点，对此，本书后面的章节还会做进一步的探究。但这不是另一种原型，4 种原型就已足够了！这只是询问中心型领导所产生的影响之一，通过领导者做出的榜样和影响，在他们中间创造并维持一种进步的微观文化。

不同环境下的领导力

带着喇叭的加布里埃尔熟悉《街头智慧》杂志社的企业文化。他在这个场合以正确的精神做了正确的事，并继续建立起一种审慎的文化。有人可能会认为，这样的领导在哪里都能领导得很好，但大量实践以及对领导本质的研究却指出了不同的方向。领导力对环境极其敏感。在一种情况下能很好地解决方向和动机的问题，在另一种情况下未必依然能解决得好。例如，擅长创业的领导者未必擅长长期经营，反之亦然。这涉及不同的综合技巧和思维模式。要想理解领导力，需要先理解下述不同“街道”的不同规则。

“压力街”

你可能会认为，领导者应该尽可能地聪明、有经验。但实际上，关于领导力的研究一再揭示，领导者的经验和智能（通过 IQ 测试等来衡量）与团队表现之间的关联度很低。那么，这两个理应发挥积极作用的因素，为什么没有发挥出来呢?

答案是，它们确实带来了差异，但它们带来的差异受不断变化的环境和方向的影响。弗雷德·费德勒（Fred Fiedler）曾在《管理科学季刊》（*Administrative Science Quarterly*）的文章中指出，人际压力是一个常被忽视的因素。

当人际压力很小的时候，聪明的领导者会带来更高效的团队表现；但当人际压力大的时候，聪明的领导者也不会改变什么。根据费德勒的文章所言，高智商的领导者通常会过度思考人际关系，继而产生烦恼和忧虑，导致无法用智慧来推动事情向前发展。

而经验的影响恰恰与此相反。当压力较低的时候，经验丰富的领导者能带来的团队整体表现其实要比新手低。费德勒的解释是，有经验的领导者只有在面对挑战的时候才能发挥得更好，而当没有压力的时候，他们容易懈怠或走捷径。

这说明，不同的领导者适合不同的人际压力水平。聪明而没有太多经验的领导者适合压力水平低的情况，而经验丰富而不那么聪明的领导者则适合压力水平高的情况。还有一种情况同样值得一提。一项针对军官竞争者的研究发现，在进行减压训练之前，不那么聪明的候选人能比更聪明的候选人取得更好的结果，而在进行减压训练之后，这一趋势反了过来。压力控制使得更聪明的候选人能更高效地开发智慧。这直接揭示了压力控制是领导人员的一项核心技能。

“结构街”

班得里纳拉扬·帕瓦尔（Badrinarayan Pawar）和肯尼思·伊斯门（Kenneth Eastman）在《美国管理学会评论》（*Academy of Management Review*）的文章中，分析了转换型领导和组织结构之间复杂的适配性。转换型领导类似于愿景中心型领导。总体上说，在组织成员意识到需要转变的阶段，愿景中心型领导最合适。当来自外部或组织内部的破坏性挑战威胁到组织效率甚至生存时，上述情况便会发生。例如，两个小团体之间产生恶性竞争，关键产品彻底失败，政府或军队削减预算导致长期资金来源中断，或者以竞争性方式来完成组织任务，如电子出版业与传统出版业的竞争，或笔记本计算机与台式计算机的竞争等。这种情况也可能发生在吸引力与挑战并存的情况下，如出现技术突破或重要合作关系时。在这些情况下，一个可以将大家团结起来向着明确方向努力的愿景，就变得极有吸引力。

此外，组织结构影响着愿景中心型领导的接受程度。帕瓦尔和伊斯门采用的分析方法是五维结构分析，它是由麦吉尔大学的亨利·明茨伯格（Henry Mintzberg）[①] 提出的，即简单结构、变形虫结构、机械式官僚结构、专业式官僚结构和事业部制结构。他们提出，愿景中心型领导适合简单结构和变形虫结构，前者呈小型中立管理、轻度等级制度、不够专业化等特征，而后者

① 亨利·明茨伯格是当今世界上杰出的管理思想家，影响颇广，著作颇丰。他在《管理工作的本质》这本经典著作中通过多维度分析，揭示了管理工作的本质；在另一本经典著作《卓有成效的组织》中，他展现并整合了所有关于设计有效组织的研究。两本书的中文简体字版均已于 2017 年和 2020 年由湛庐策划，分别由浙江人民出版社和浙江教育出版社出版。——编者注

规模小、流动性强、灵活，且常常是暂时性的。因为这很容易联系每个成员，而且也有助于愿景的实现。

然而，愿景中心型领导对于机械式官僚结构（复杂、平滑、精密控制下的机制）、专业式官僚结构（相对较为独立地聚集在一起，像律师事务所一样）或事业部制结构（拥有若干半自主部门的组织）的接受程度相对就较低了，因为这些结构将人与人、小组与小组分割开来，经常会引发竞争，使得大家不太可能追随某一特定的愿景。

最后，帕瓦尔和伊斯门提出，愿景中心型领导在“管理部族模式”（clan mode of governance）中能得到最好的发挥。这一模式是由艾伦·L. 威尔金斯（Alan L. Wilkins）和威廉·G. 乌奇（William G. Ouchi）提出的组织文化三大概念之一。在部族模式下，大家可以看到，个人利益和组织整体利益联结在一起，因此能体会到亲切感；相反，只强调交易的治理模式几乎没有将个人利益和组织整体利益很好地联结在一起，从而使得愿景中心型领导的任务更加艰巨。

虽然一个组织的情况可能不适合愿景中心型领导，帕瓦尔和伊斯门没有总结说愿景中心型领导做不了什么贡献，也可能只是需求问题，但领导者必须以某种方式克服结构障碍，将愿景向前推进。

“询问街”

虽然这些原型对于结构的依赖值得我们深思，但我们对于组织智能的关注促进了一种特殊兴趣的生成：询问中心型领导在不同的环境中如何获得或失去动力。个人环境因素，如认知能力、经验以及压力控制，似乎很重要，正如帕瓦尔和伊斯门研究的组织结构的各方面一样。下面这些看似合理的趋势，大致描述了询问中心型领导最适合且最容易维持的情况。

- **询问中心型领导很可能更适合多数成员相对聪明且富有经验的团队。**在这种情况下，领导者不太可能自己一个人得出最佳答案。
- **询问中心型领导很可能更适合长期共进退的团队。**如果一支团队只是短期团结在一起，而且领导有很好的答案，那么回答中心型领导可能是最好的前进方式。询问中心型领导是一种长期投资，建立团队的认知能力，避免产生使领导者和参与者陷入困境的依赖关系。
- **询问中心型领导在冷静时期可能更容易进行，而不是在混乱时期和适应时期。**这一原则就是帕瓦尔和伊斯门关于愿景中心型领导看法的另一面。在混乱时期和适应时期，很多人会从不同的角度感受到威胁，而关于应该做什么，大家的观点也可能完全不同。询问中心型领导会发现，要让大家的心往一处想可能很困难。人们在寻找“救世主”，而愿景中心型领导可以帮助团队凝聚在一起。但这并不意味着询问中心型领导在这种情况下会失败，只是说会更艰难。这种风格的领导者必须特别机敏，很可能还需要增加一点愿景因素。
- **询问中心型领导在简单结构或变形虫结构中可能更有影响力，而不是在机械式官僚结构、专业式官僚结构和事业部制结构中。**这一结论与帕瓦尔和伊斯门关于愿景中心型领导的结论类似，二者基本上是出于同样的原因。询问中心型领导和愿景中心型领导最容易带来好处的时候，都是组织结构允许随时联系且各部分之间没有敌对的时候。在机械式官僚结构、专业式官僚结构或事业部制结构中，询问中心型领导可以与最接近的同事一道，将这种原型的作用发挥得很好，且会尝试将其推广到整个组织结构中；不过即便如此，这种原型也不可能渗透整个组织。
- **询问中心型领导在治理部族模式中可能更容易进行，而在完全依赖交易的模式中则很难。**这一原则再次与帕瓦尔和伊斯门关于愿景中心型领导的结论重合。在治理部族模式中，个人利益和组织整体利益之间的联盟促进了更基础的合作，这是人们能够更好地共同思考的基础。

- **询问中心型领导在适中的权力结构中可能更容易进行，而在强权结构中则很难。**在强权结构中，顶层的领导者容易受到权力的诱惑，继而采用回答中心型领导。而不在顶层的人可能基于个人经验和智慧进行领导，但可能会被上层的权力压制，从而对自己的下属施展权力。而在适中的权力结构中，他们将有更多的回旋余地。

这种交织的相互依存性背后有着何种寓意呢？实际上有两点互补的寓意。一是要承认，虽然在很多情况下由询问中心型领导建立起来的组织智能的适应性最好，但也存在更适合其他原型的特定情况。二是有很多因素会使得询问中心型领导变得更容易或更困难。询问中心型领导需要意识到这些因素，并且要知道如何应对。

领导力面临的现实挑战

回想一下接任《街头智慧》的加布里埃尔，一开始他将那个旧喇叭收了起来，但这个喇叭对于老员工而言意义重大。于是他又聪明地将喇叭取回来，并将它变成“询问的象征”。

从失利的行为中恢复过来并不是什么难事，尤其是加布里埃尔本来就想要致力于于询问中心型领导。他加入一个小团体，杂志也没有处于危机之中，只是销售量有所下降，此外，杂志社的员工原本就已经合作得很好了。但如果情况不利于进步的互动呢？在谈及交流式反馈时，面临“恶龙”的情况值得讨论一下。而在谈及询问中心型领导时，这样的情况同样值得讨论。想象一下，带着喇叭的加布里埃尔在询问中心型领导面临根本挑战时的情况，如以下几种文化。

专制文化

假设加布里埃尔所在的组织有强烈的专制传统，而且老板采用的是退步的互动风格。加布里埃尔想致力于询问中心型领导，但他在这个权力至关重要的组织中却并没有特殊的权力。他能做些什么来实践询问中心型领导呢？

加布里埃尔的选择很有限，不仅因为老板专制，还因为老板的象征性行为倾向于创造一种服从权威的总体文化。但有一件事是加布里埃尔总能做到的：在可能的范围内，自己采用以询问为中心的方式，而不用理会公司文化。他可以在机会来临时采取以询问为中心的行动，比如在小型对话中，在公开讨论重要话题的会议中，或者遵循流程提出建议时，甚至在与老板直接对话时。加布里埃尔也许不能改变公司的主导文化，但他能进行很好的“斗争”，也许可以在他直接参与工作的小组中创造一种询问的文化。

混乱文化

再来谈谈混乱的情况。在会议中，话题从一个跳到另一个，几乎跟自由联想一样。加布里埃尔可以像其他人一样插入自己的观点，如果他愿意，还可以将这些变成以询问为中心的方式，但这些观点很快被之后混乱的对话所淹没。这种混乱经常出现，甚至在有老板或其他人作为促进者的时候，主要是因为促进者不够强势或缺乏技巧，未能使事情保持一致。

这时，加布里埃尔能做的最有帮助的事，可能是提出流程建议，而不是实质性的建议。例如，如果没有促进者，那就推荐一名促进者，或者建议大家专注于讨论某一个话题，直到这个话题得到解决或被明确记录下来。更有可能的是，其他人也意识到了这种混乱文化，此时，一些秩序将会受到大家欢迎。

命令文化

在前面提到的场景中，虽然加布里埃尔没有特殊的权威，但权威本身并不能消除恶劣的境况。假设加布里埃尔有一定的权威。致力于询问中心型领导的权威人士在组织结构和文化上特别推崇命令时，会遇到一个困境：在推崇命令的文化中，以询问为中心的行为会显得软弱，并能削减参与者的信心与投入。

加布里埃尔作为权威人物，可以尝试改变这种文化，不过可能并不容易，甚至不一定合适。推崇命令的文化未必专制，专制是一种极端病态的情况。在一些情况下，推崇命令的文化有着明确的优势，例如，军队结构很适合推崇命令的文化，以此来更好地履行职能。不过在我看来，大多数情况并非如此。同样，结果也未必是专制主义。比如前面提到的“帕劳号”舰长在处理引擎危机时安排任务的灵活性。推崇命令的文化在其他高风险的情况下也有作用，明确的职责和快速的回应非常宝贵，如外科手术小组、空中交通控制人员，以及紧急修理服务人员等。

那么，在推崇命令的文化中，加布里埃尔作为权威人物，为追求询问中心型领导，他能做什么呢？他不应试图迅速地改变这种文化，即使从长期来看，这种文化需要改变；他应该选择一条不同的道路，以区别命令式的决策和带来这种决策的过程。加布里埃尔可以将问题公开，发起询问，在时间允许的情况下，与大家商量后再做出决定，不过最后做决定时要坚决果断。

危机文化

再来想象一下加布里埃尔处在权威地位的情况。他可能面对的另一种困境是危机时期。在这样的情况下，人们经常会发现，在剑拔弩张的状态中，自己没有足够的安全感去表达观点，或者分析不同的可能性以及综合考虑全局等。他们想要能给出总体答案的愿景中心型领导。他们想要一个“救世主”。

加布里埃尔可以很好地提供给大家想要的一些东西，因为询问中心型领导并不意味着只有询问。然而，加布里埃尔还能很好地防止受到更极端的愿景型领导的诱惑。他可能会致力于集体建立愿景的过程中，并告诉大家，公司所希望的是人人都能实现的愿景，如果有需要，会公开讨论观点，但也会采纳他人的意见。共同建立愿景不仅可以满足对愿景的需求，在参与的过程中还能提升参与度。另外，关于如何实现自己提供的愿景，加布里埃尔可以推动询问的过程。

从定义上来讲，恶劣的情况很艰难。本书简单描绘的情景仍然不够严苛。加布里埃尔或其他致力于询问中心型领导的领导者，很少会束手无策。这些人总能通过个人的行为将互动推向询问的方向；也总是有潜在的可能性来发挥发展型领导的作用，即使大环境是退步的，他们也能在较小的团队中创造出进步的微观文化。此外，询问中心型领导更多的是与投入、技巧以及领导者的聪明才智有关，而非恶劣环境的危险。

KING ARTHUR'S ROUND TABLE 工具箱

- **尽量以原型来进行审视。**通过他人和自己的行为，辨别领导力的 4 种原型：回答中心型领导、询问中心型领导、愿景中心型领导和不予干涉型领导。
- **警惕领导力的“病症”。**这些“病症”包括专制主义、微观管理、促进不足、假性开放、盲目的愿景和弃之不顾等。
- **实践和促进询问中心型领导。**以此来建立组织智能，通过模仿和促进询问的有关方式，建立有利于和促进询问的结构和流程。换句话说就是，发挥发展型领导的作用，创造进步的文化。

- **记住：询问中心型领导并不意味着总是询问。**灵活并适当地运用回答中心型领导、愿景中心型领导和不予干涉型领导等。
- **对不同的机会和挑战保持警觉。**这些均是由不同的组织结构、文化、压力水平和相关因素带来的。
- **记住有利于询问中心型领导的工具。**如利益型谈判、交流式反馈等。
- **警惕恶劣情况。**如专制文化、混乱文化、命令文化以及危机文化等，尽管面临挑战，但仍要以有利于询问中心型领导的方式来应对。

KING ARTHUR'S ROUND TABLE

第 6 章

要合作，不要假合作

合作与假合作

“会议在下午 5：30 开始，晚宴持续两小时，然后开车回家。”知名教授费利西娅在学术界声名显赫，她在日程表上写下了自己的日程安排，安排得还算得当。

晚上 7：00，费利西娅准时结束会议。她耸耸肩，只完成了第一项议程。有些糟糕。

5：30 到 7：00 之间发生了什么呢？工作几乎毫无进展。有人说一，有人说二，有人说三。整个对话一直在不同的主题之间转换，摇摆不定，一会儿转到这里，一会儿又转到那里。

有段时间会议还陷入了僵局。在某个问题上，两名参与者之间发生了小小的争论。他们你一句我一句地争执了 10 分钟，其他人只是听着。后来，整个小组又开始对一个非常次要的问题产生兴趣，讨论了 15 分钟之后，认为这个问题最好过一段时间再讨论。在整个过程中，费利西娅有时参与对话，有时抛出一个问题，有时提议继续讨论，有时号召大家在某一点上进行更多的对话，有时则对接下来该做什么表示不确定。

实际上，我们在试图策划一个复杂的国际交换项目。这已是第五次会议。费利西娅领导的团队大约有 20 人，我是其中的一员。我们所有人都对企业发展抱有极大的热情。策划小组连续几周在每周二晚上碰头，因为这个时间对大家都合适。费利西娅非常聪明，也很亲切，一点儿都不专制。但是，她并不知道该如何组织好一支团队。

在不开会的时候，每个人都有各自的分工。第二次会议前，我和一名同事曾对各自的分工提出了建议。

费利西娅说："很好。但我们需要走个流程。我们将会对建议进行探讨。那么，大家有什么意见吗？"

有些人提出了几点意见。两周之后，我和同事对建议进行了一些调整。

费利西娅说："很高兴再次听到这些建议。但我们需要走个流程，要按程序对建议进行审核。"

一周之后，在本章开始提到的那次会议中，我们的建议仍然被夹在文件夹中，而且还将继续待好几周。

六七周之后，大多数人都意识到，这样下去显然不会有什么进展。9 周之后，费利西娅来了灵感。她在和几个人一起喝咖啡时轻易地做出了一个计划。这个计划采用了我们在会议上所提到的大部分建议。虽然还有一些保留，但没人再发表更多看法了。大家对这个计划表示一致同意。

我和同事还有其他人对各自的分工提出的建议，很快也得到了批准。交换项目得以开展，并且进行得很顺利。而事实上，大家原本其实没必要花这么长的时间。

合作是组织智能中的一个热点话题。愚钝的合作很常见：有时，在策划一个交换项目时，它会采取混乱的形式；有时，它反映的是某个人的主导影响力，而没有真正地涉及小组中不同的思想；有时，它所涉及的人很容易达成共识，而不提出任何批判，就像我刚才提到的案例一样。

合作的“黑暗面”也应有一个称呼，姑且称之为“假合作”。假合作的目标是合作，但实际结果则是没有真正集中利用参与者的思想，所有人都不知所云，毫无进展。合作，而非假合作，是本章所要探讨的主题。本章将运用进步的互动和退步的互动的观点，来分析合作为何经常出现问题，有时候为何又进行得很好，而有时候还能进行得更好。

假合作的三种类型

合作并非易事，尤其是在大型团体中，这其中往往涉及更多退步的互动，而非进步的互动。通常，需要脑力解决的问题比需要体力解决的问题更难共同承担。正如割草机悖论所指出的那样，集中利用体力往往更简单，比如 10 个人用 10 台割草机一起修剪一块草坪；而集中利用脑力则往往相当困难，比如 10 个人一起设计一台电动割草机。这种困难与前文提到的五人对抗有关：一个团体的人数在 5 人以上时，增加一名成员所带来的价值，常常无法弥补其带来的复杂性。

众所周知，合作常常会出问题，但问题具体出在哪里呢？组织智能的圆桌模型建议，要区分进步的合作模式和退步的合作模式，检验哪种原型占主导优势，并尝试探索如何让进步的互动变成主导。

从总体层面来看，我们可以发现一些不同的破坏性模式。

假合作的三种类型：合作性对话中反复出现的三种病态原型——布朗运动、螺旋下降、小集团思维。

布朗运动

1827 年，英国植物学家罗伯特·布朗（Robert Brown）通过显微镜观察悬浮在水中的花粉颗粒时发现，花粉在水中随机运动，而没有明确的缘由。后来，科学家给出了解释：不断运动的水分子随机地与花粉颗粒及其他小的粒子发生碰撞，将它们推向不同的方向。布朗观察到了分子间的这种台球游戏。后来，这一现象就以布朗的名字命名——布朗运动，即分子碰撞引起的粒子随机运动。

而实际上，对话的焦点就像一粒花粉，每个人的评论就像水分子，将花粉推来推去。每一条评论都与正在探讨的或已经探讨过的内容有关，但最后实际的效果却漂浮不定。在面对复杂问题时和在大型团队中，这种病态现象尤其突出。在《开会的革命》（*How to Make Meetings Work*）一书中，迈克尔·多伊尔（Michael Doyle）和大卫·斯特劳斯（David Straus）给这种现象起了另一个名字："多头怪物综合征"，即很多人围在会议桌前谈论不同的问题，而不是共同思考同一个议题。

布朗运动的问题是缺少组织力量。参与者并非试图进行反向操作，他们的行为是自然而然的，是对之前所讨论的内容进行的回应。比如 A 针对 B

在 5 分钟前的提议，提出了两点补充意见。之后，C 陈述了另一件事。C 的评论与 A 的陈述无关，只是轮到 C 发言了，而 C 的发言针对的却是 B 之前所提出的问题……

如果大家都在回应之前说过的内容，那么根本无益于达成真正的一致。通常，缺少某些东西会导致产生布朗运动的趋势。那么，组织缺少的究竟是什么呢？其中之一是缺少时间观念。大家都沉浸在对话中，自然会忘记时间。另一点是，在组织对话中，人们往往以话题为先，而不是成果。围绕最终要达到的成果来组织议程，会给参与者提供更多的动力，且有助于防止会议跑偏。组织常常欠缺的还有一点，就是对对话的记忆。集体展示，如在活动挂图和白板上做记录或画图，或者投屏演示等，能够为小组提供一个良好的记忆环境，且有助于保持对话稳定。像时间观念、基于成果的议程以及集体展示等，这些很普通的组织工具往往没有得到充分的利用。事实上，这些都很重要。

螺旋下降

形象地说，在布朗运动中，人们表现得总是跳来跳去，而在螺旋下降中，人们则像是被卡住了：小组讨论坠入一种对话黑洞之中，难以逃脱。

有几种情况会导致螺旋下降。比如，争论一旦开始就难以很快结束，哪怕跑题，而且还会经常将其他参与者也牵扯进来。对于不是特别有时效性的话题，如果有人提出一个观点，另一个人跟着评论，然后其他人都开始想就此说些什么，那么这个话题就会被推动下去。有时候，感觉有必要或者追求完美，也会导致螺旋下降。比如就某一问题讨论到大家都很清楚个中细节的情况。实际上，这就是螺旋下降的表现。既然有小组测试，何必当下就必须确定每个细节呢？小组测试会提供更多的数据！

小集团思维

与布朗运动和螺旋下降相比，小集团思维会让人们过于草率地得出令人感到满意的结论。小集团思维是一种消极的互动原型，是由社会心理学家欧文·贾尼斯（Irving Janis）提出的，它指的是人们的想法过于类似。

在国际交换项目的计划即将结束时，我们就陷入了小集团思维。费利西娅和几个朋友在经历了沮丧之后做出一个不错的计划，并介绍给了全组成员。我们其他人也因此从沮丧中摆脱出来，不再试图表达异议了，只想继续下去。计划的确做出来了，但这个过程绝对称不上理想。

贾尼斯提出警告，小组如果过于统一、过于投入、服从性太强，那么会导致不同形式的盲区，比如无法探索或无法严肃对待其他可能性、缺乏批判性的评估等。小集团思维无法发挥小组内部经验与视角多样性的优势，它忽视了问题的复杂性，也错过了利用多种方法解决问题的机会，也就是说，它是为了达到小组统一而做出的牺牲。

导致小集团思维的因素有很多，比如想保持和平的状态，以及想与不希望有异议的老板搞好关系等。然而，贾尼斯警告我们，当统一的重要性超过一切时，小集团思维是可以自我调适的。而且除了小集团思维，整个小组也免不了会由于其他原因而做出不好的决定。

促进者在合作中的作用

从一定程度上来说，高效的合作可以避免以上三种病态现象。就像船只的领航员总在警惕浅滩和旋涡一样，优秀的促进者可以调控对话方向，让会议向着意向中的目的地前进。大卫·斯特劳斯在《如何有效合作》（*How to*

Make Collaboration Work）一书中，揭示了促进者的 4 大关键角色，即过程引导者、工具提供者、中立观察者以及过程教育者。本章并不是解释促进的精妙技巧，以下仅做简单的记录：

- **布朗运动。**促进者能够侧重成果而非话题来规定议程，使大家能够保持专注，掌握时间进度；通过记录或画图保证信息的分享和小组记忆，或者安排人员专门负责此事。促进者可通过重新评论，使之与相关结果产生明确的联系，并维持讨论的重点。
- **螺旋下降。**促进者可以判断哪些问题值得处理、需要花多长时间，并直接建议整个小组进行下一个议题。促进者可以缓和并调解小组争论。
- **小集团思维。**促进者能够避免虚假的试探，比如"有人反对吗？既然没有，那我们继续。"等发问。让大家能够发表不同的观点；在就议题发表各自的观点之前，请大家想一想自己的立场；还可以请各个分组对问题进行独立思考，然后将他们的想法反馈到整个小组。

在谈到促进组织工作时，有必要对由谁来担任促进者进行讨论。传统经验认为，促进者应当由领导来担任。领导作为小组的权威人物，已经具有优势地位，而扮演促进者的角色会加强这一优势。虽然从总体上来看，这是一个不错的建议，但从我的个人经验来看，这在很大程度上取决于领导的风格。领导如果能像亚瑟王一样，有特权、以询问为中心，且是一个警觉的促进者，那么自然能够有效地引导集体对话，通常他们这样做也非常适合。

但是，仅仅有良好的组织促进并不能实现高效的合作。正如大家通常所理解的那样，促进通常针对的是人们在合作时一起讨论问题的部分，而合作不仅仅是讨论问题。实际上，人们常常在讨论问题上花费太多的时间，而不是在讨论与独立工作或分小组工作之间寻找平衡。合作的三个病态原型表明，这不仅仅是缺乏良好促进的表现，而是有着更深层的原因，这些原因与处理问题的结构及参与者的态度有关。

本章接下来的内容将会探讨这些更深层的原因。我将探讨合作良好的一面、糟糕的一面以及丑陋的一面。

合作的好处

布朗运动、螺旋下降和小集团思维像幽灵一样潜伏在每张会议桌下。当小组超过三个人的时候，合作似乎没有多大意义，通常也确实如此。将人们的努力结合起来的很多值得采用的方式，实际上并不是真正意义上的合作，最好的方式也不是合作。

合作意味着什么

除了真正的合作，还可以通过其他方式将人们的努力结合起来。它们通常很简单，也很有效，在同样的环境中做着互相补充的工作。比如同一家事务所的律师分别接手不同的案子，或者同一所学校的老师教授不同的班级，他们都在参与共同的努力，共享基础设施，并以同事的身份发挥作用，但这并不是合作，因为他们在很大程度上是各自独立工作的。同样，一家公司的采购部和财务部也都在推动公司的发展，有着很强的互补性，但两个部门之间的合作并不直接。

合作不仅仅是征求他人的意见。如果我向你征求一些购房建议，而你向我询问一些有关认知方面的问题，这不是合作，而只是一种有价值的关系，并非真正意义上的“联合经营”。我听了你的忠告，你听了我的建议，然后我们还是各做各的。

合作也不只意味着人们共同参与群体活动，并在其中谈天说地或交流经验。实践社区是分享知识的有效场合，但参与者通常未必都是为了同一个任务而进行工作的。

当人们共同向着同一成果努力，一起工作、思考并承担责任时，才是真正的合作。例如，负责年度报告的小组，设计了一个共同的愿景，并将它分成不同的部分，分配给不同的部门，然后检查各自的工作，以确保风格和信息一致，这才是合作。再比如，代表不同利益群体的人们通过对话制定新的人事制度；或者学校中的院系委员会经过几个月的会议，确定了一个学术职位，并对其提出建议、面试候选人，然后进行推荐；或者项目的程序员绘制出一个共同的结构，每个人负责自己的任务，同时与其他人保持互动，以确保整体都能发挥作用……这才是合作的本质意义，即共同劳动，一起工作，而不是各干各的。对于需要思考才能解决的问题，可持续的、有成果的合作可能是组织智能最纯粹的表现。

合作如何起作用

合作的目的就是得到更多。相比于各自独立工作，将工作分配出去，然后合作，人们往往能得到更多。有时候，“更多”意味着更高的工作效率或更短的工时，但总是将“更多”的意义与效率联系起来，未免过于狭隘了。从总体上每人所花的时间来看，合作很可能效率很低，但依然有显著的价值，比如以下几个方面：

- **更快的速度。**将工作分成若干部分，由大家同时进行，然后将各部分工作组合起来，这样完成任务的速度要快得多。比如总体结构确定之后，不同的人共同撰写一份复杂的报告，或共同开发一个计算机软件系统。总工时可长可短，但是无论如何，工作会更快地完成。

- **更高的质量。**通过发挥人们多种多样的创意，以及从更好的批判性视角出发，可以获得质量更高的成果。就像在研发过程中，就新想法进行头脑风暴，同时警惕其中的问题和缺陷。
- **更大的可能性。**一个人花很长时间也难以做到的事，可以通过大家的合作来完成。因为合作包含多种角色，如四重奏或球队等；或者需要互补性的专业能力，如产品设计、广告宣传活动或执行军事任务等。
- **更投入、更团结的小组。**通过共同投入、共同努力取得成功，大家都参与其中，如利益相关者集体讨论进行决策。而对于未来的成功而言，进行共同决策的感觉可能比讨论的效率更重要。
- **更多的学习资源。**合作形成的大量个人的知识和集体的知识，将成为群体或组织进一步努力的资源。

无论如何，合作都是一个圆桌理论。

合作何时起作用

有时候，合作确实能发挥作用。回想一下前文提到的夏威夷人的荷欧波诺波诺帮助人们思考人际问题，柯罗哈先生通过这种方式处理家庭问题，还有美国海军舰艇“帕劳号”在遭遇戏剧般的事故后的处理方式等，这些都不是独立的片段。而且，我们大多数人也都经历过合作。

然而，哈佛大学研究团队协作的学者理查德·哈克曼（Richard Hackman）则提醒我们，对于手头的任务，合作往往并不是一个好的选择，在很大程度上这取决于背景条件是否适合采取合作的方式。以下是哈克曼等人提到的一些重要的背景条件：

- **任务本身适合运用合作性的对话。**哈克曼指出，团队一般不能很好地处理细致的创作型任务，比如写一部小说。

- **任务的定义相当明确。**或者经过最初及后续的努力，任务逐渐变得明确。否则，小组会徘徊不前。
- **对合作的实际要求有良好的支持。**需要具备便捷的日程、便利的会议场所、高效的交流技术等。在一定程度上，这是关于良好的交流构架的问题，人们可以便捷地维持必要的对话，从而完成任务。
- **良好的成员组合。**成员具备大部分的所需技能，同时有学习意识，且准备好随时学习如何共同工作。
- **团队环境尊重并奖励合作性的表现。**很多工作环境缺乏对持续性合作的奖励机制。“交易”往往根据个人成就来定义。除了改善奖励机制，愿景中心型领导和询问中心型领导也能有所帮助。
- **成员之间相互信任、心理上感到安全的文化。**可参考相关章节的具体讨论。

越是缺少的东西可能越让人想得到，但会导致合作失败。如果缺乏上述这些背景条件，合作可能会陷入混乱、不便和无效之中。但具备了所有这些背景条件也不能确保合作的成功。在合作性互动的细节中，即便条件都合适，一些情况也会导致合作出错。

合作的缺陷

亚瑟王和圆桌骑士正兴奋地谈论开发一条新的高端盔甲产品线，即“骑士之鹰”产品线。

加拉哈：现在的标准肩甲令人乏味，完全没有一点风格。寻找圣杯的人自然不会身穿如此普通的骑士装来捍卫上帝的恩泽。

桂妮维亚：在搭配方面一点儿也不协调，真的很寒酸。

兰斯洛特：我诅咒这腿甲和护胫甲。

亚瑟王（故意无视兰斯洛特的所作所为）：就这么决定了！我们将开启“骑士之鹰”生产线，最新的款式，高效的技术，任何贵族都抗拒不了。现在大家说说，新的款式应该如何呢？我们应该如何推广？如何定价？我们一起来好好地讨论一下。

亚瑟王陷入了与费利西娅类似的困境。他需要组织智慧并期待首次推出的新产品能用得上骑士和桂妮维亚的时尚嗅觉和实用见解。但他们能在多大程度上避免布朗运动、螺旋下降和小集团思维呢？这取决于他们能否高效地分担问题。

分担问题是合作的核心。合作往往会牵涉到解决长期任务中的各种具体问题。比如刚刚提到的“骑士之鹰”生产线就包括产品设计、定价、广告、营销及生产等问题。高效的合作意味着以合理的方式分担问题：大家一起讨论，决定各自负责的任务，确定哪些问题需要共同解决，然后各自开始着手工作，再将工作汇总，并由此推动任务的进行。

那么该如何分担问题呢？简单的逻辑有助于整理出分担问题的基础原型。在小组中，对一个问题提出想法、共同负责的基本方法并不是很多。小组可以一起讨论问题，或者分组讨论，但每个人在关键时期都有发言权。具体方法如下：

- **充分讨论。**通过充分互动的对话得出结果。这种方法需要利用大家不同的经验和观点，并保证充分的参与。

- **委托。**总体的观点和审议产生后，委托一个人或一个小组针对审议制订计划或草案。具体的问题如果不容易进行拆分，或不值得拆分，那么可以让一个人或一个小组来解决。
- **拆分。**拆分任务，对每个部分提出建议。然后，大家各自或以小组为单位进行工作，再一起评估结果，并进行汇总。拆分时，要保证将不同的任务委托给不同的个人或小组。这样效率更高，能利用个人的专长，让每个人都能参与其中，还能获得建议和反馈。
- **迈出第一步。**一个人或一个小组迈出第一步，以此来开启对话，比如拟定一份草案，一份大纲或提出一个相对具体的概念。类似地，还可以提出试探性观点，或先打好基础，或“投石问路”等。第一步行动可以让对话变得更加具体。如果第一步中的大部分都经受住了考验，那整体将会更好。

每个人多少都会遇到这 4 种分担问题的原型。其中的关键更多地在于何时适合何种形式，而不在于它们是什么。

与前面谈到的其他原型一样，这些原型在知识处理和象征性行为的方面各有优劣。人们总是想进行充分的讨论，这是最容易达成的事情（知识处理优势），也能保证大家充分参与（象征性行为优势）。然而，小组人数越多，通过对话汇集不同见解的效率就越低，因为每个人的发言时间有限。在对话陷入布朗运动、螺旋下降或小集团思维的泥沼中之前，这些优势能发挥到最好。人数较多的小组在面对复杂问题时，上述三项威胁尤其难以避免，而完全依赖充分讨论恰恰会招来这些问题。充分讨论往往会变得退步且占主导地位。

有效地分担问题是一个寻找过程，它需要明智的选择。我们那个 20 人的小组在为交换项目做计划时，基本没有这一过程。我们主要采用了第一个原型，试图对每件事都进行彻底讨论，结果我们陷入了一堆棘手的问题和观点之中。分担问题也可能是“骑士之鹰”生产线的一个棘手问题。亚瑟王似乎也打算与圆桌骑士进行彻底的讨论。

为了更好地理解寻找过程的困境，我们先来看一个非常简单的例子：列一份购物清单和写一首诗。购物清单上的很多东西其实早已印在脑子里了，而且它们相互之间也没有多大关系。说得正式一点就是，这些东西被松散地罗列在同一个表中，没有互动。例如，你可能要买一些巧克力酱来做冰激凌，而泡菜可能恰好就放在旁边的货架上，所以你可能想顺手一起买了。不过，这种联系并不复杂。

写诗完全就是另一回事了。写一行诗所需要的努力，要比在购物清单上添加冰激凌或泡菜多得多。重要的是，诗句与诗句之间要相互紧密结合。一行诗写得怎么样，很大程度上依赖上下文的写作艺术和技巧。

假设有个小男孩要过生日，一群人要来列生日派对的购物清单，同时还要为这个小男孩写一首诗表示庆贺。大家很快就完成了第一项任务：5 分钟之内，购物清单就列好了。然后大家开始写诗。大家很快发现这很难。参与者从不同方向出发，试图写出几行佳句，但结果发现，集体创作一首诗真的不行。

一般来说，对分担问题进行理智判断的过程是这样的：如果提出想法后能轻松地对其进行整合或根据优先级来排列，那么充分讨论是最有效的；如果不能，那么充分讨论的效果就会很差，此时就应该考虑其他原型了。为了解决问题而努力采用并不合适的纯粹的对话流程，会导致布朗运动和螺旋向下的结果，有时还会由于大家感到厌倦想赶紧结束而导致小集团思维。

分担问题的规则

那么，哪些原型适合哪些情况呢？通过上文的观点，我们可以做出进一步的分析，从而将分担问题的原型与问题进行匹配。

- **充分讨论：**适用于解决需要尽快拿出完整的方案或需要优先解决的方案的问题。
- **委托：**最适合的情况是，小组能够很容易地给出创造性的想法或建议，但最后的结果也需要高度整合。
- **拆分：**最适合的情况是，问题可以轻易地被分成几大部分，而且之后可以轻易地重新合并在一起。
- **迈出第一步：**最适合的是比较容易的情况，迈出第一步的人不会感到责任过重，其他人也不会觉得这像是先发制人。

接下来，我们逐一分析这 4 种原型。

充分讨论

这种分担问题的方式适用于需要尽快拿出完整的方案或需要优先解决的方案的问题，比如购物清单、会议议程、项目中相对独立的部分、简单计划的步骤，或者对赞成和反对意见进行评估等。

亚瑟王：我们先画一些“骑士之鹰”的外观草图。记住，我们现在不是为了确定任何事宜，只是给设计组提供一些最初的方案。大家的想法就像狩猎时候的猎物一样，可以很“温顺”，也可以很“野蛮”。之后我们会进行简单的优先排序。

亚瑟王提议的方式是正确的。想法、观点、优先级，以及赞成和反对的意见，都很容易被考虑到。通过简单的交谈，就可以从圆桌边的人那里获得关于“骑士之鹰”生产线的不同想法，然后进行直观的筛选，选出其中最有潜力的。一组学者可以简单地写出课程的要素，一组律师可以列出案件的基本处理方法的大纲，一家俱乐部可以罗列并选出不同的赛事，一个运动小组可以制定两三个新的尝试策略，一支营销团队则可以进行头脑风暴并最终选出优先调研的市场，等等。

委托

这种方式最适合的情况是，小组能够很容易地给出创造性的想法或建议，但最后的结果需要高度整合，比如任务陈述、项目描述、正式宣布的政策、法律声明，或详细的草图及图表等。

> 亚瑟王：我们就“骑士之鹰”的基本外观已经有了不少的想法。但基本外观看起来到底会是怎样的呢？我们需要继续向前推进，然后打样。我说的是“我们”吧？桂妮维亚和兰斯洛特，你们最好能在下周就这些想法设计一些草图。桂妮维亚，你可以从时尚的角度来分析；兰斯洛特，你从技术的角度出发。你们觉得怎么样？

桂妮维亚欣然接受，兰斯洛特也一样，虽然他对整件事仍略有疑虑。毕竟，即使是奉命行事，与桂妮维亚合作也是很美好的一件事，他怎么可能放弃这个机会呢？

这一次，亚瑟王的想法依然是正确的。如果说他让桂妮维亚和兰斯洛特合作的想法不那么英明的话，至少他在设计流程上的想法是对的。一件战甲的各个部分在功能上紧密相连，而根据设计“骑士之鹰”的初衷，在审美上也同样如此。这可以证明，让大家一起设计一种特定的样式是巨大的浪费。

同样，就课程的特点进行总体讨论后，大家可以指定一个人来起草几页目录，供大家研究；而一个工程组也可以委托几名成员设计一个原型。

拆分

这种方法最适合的情况是，问题可以轻易地被分成几大部分，而且之后可以轻易地重新合并在一起，比如不同的研究课题，一项设计，或计划中联系并不紧密的部分。

> 亚瑟王：现在来讨论一下“骑士之鹰”的市场。我们面临着另一个问题。考虑到我们国家的地域多样性，有北方市场、东方市场、南方市场和西方市场，每个市场都有各自的偏好和不同的经济状况。我们要如何进行调整呢？我们要如何避免过度细分和一刀切的双重危机呢？我们可以分头调查市场，过几天再一起来评估结果。那么，谁愿意去调查北方市场呢？……

“骑士之鹰”的市场调查需要大量时间，无论如何也不可能在会议桌上解决，因为所需要的信息并不在会议室里。东南西北各个市场很容易划分，而整体情况可以从各个市场的调查报告中提取出来。

同样，撰写年度报告的小组可以将不同的部分安排给不同的成员来写；在明确各个组件之间如何关联的前提下，复杂软件系统的开发者可以将不同的部分安排给不同的人去做；一支广告团队可能想出一个新的推广方案，然后分别面向不同的媒体，如电视、广播、杂志及网络等，最后再进行集中和协调。

迈出第一步

这种方法最适合的是一些比较容易的情况，迈出第一步的人不会感到责任过重，其他人也不会觉得这像是先发制人，比如起草会议议程、一句口号或标题，或者一份粗略的草稿。

> 亚瑟王：我们还没讨论过价格。现在我们先不着急处理这个问题，因为还有太多的内容没有确定下来。加拉哈，你一直比较关注外表，买了不少精致的盔甲。下次开会的时候，你说不定可以分享一些初步的概念，这样大家可以开始讨论，而不需要在这上面花太多的时间了。

亚瑟王对于目前不需要花过多时间的谨慎态度很关键。如果加拉哈在初步征询大家的看法之前，就构思出一套复杂的定价计划，那么整个小组可能会为了保持和谐（小集团思维）而不愿对他的观点提出异议；或者大家提出的疑虑会激发加拉哈为自己辩解。与“迈出第一步”意思相近的还有“试探气球”①、“准备行动”和“牺牲性计划”等。我们都知道，“迈出第一步”的持续时间可能不会超过一小时，但尽管如此，这一步还是会起到重要的作用，并能以具体方式开启对话。当然，如果先前的讨论建立起了良好的氛围，团队成员相处融洽，在重新思考问题上也很灵活，那么，此时“迈出第一步”可能会更加广泛和具体。

分担问题的平衡技术

亚瑟王在圆桌上是佼佼者，也是一名优秀的舵手，他不仅要时刻牢记解决方案和问题之间的匹配关系，还必须认识到其他因素的影响。那么，在分

① trial balloon，本义指气象上的测风气球，后引申为探测他人反应的“风向”。——编者注

担问题时该如何寻求平衡呢？

1. 小组人数越多，充分讨论就越不合理，委托和拆分则更合适。
2. 促进越高效，人数更多的小组就能更好地通过充分讨论来解决问题。
3. 成员的参与感越有象征意义，比如“我有机会提出自己的见解”“我也在场，还投了赞成票”等，那么充分讨论就越重要，只要这时候的知识处理足够充分，即使并不十分有效也无妨。

关于第 1 点，人数较多的小组并不能为充分讨论提供合适的环境，因为每次只能一个人发言，这无法很好地顾及他人的判断和经验。相反，在合适的情况下，人数更多的小组能为委托或拆分问题提供更多的智慧。

关于第 2 点，良好的促进能缓和小组人数所带来的布朗运动和其他劣势。一个两三人的小组通常不需要促进者。小组人数在 5 人或 5 人以上时，由于开始产生“五人对抗”，促进者的角色会变得愈发有价值。在人数相对较多的小组中，技巧娴熟的促进者能充分利用观点的多样性，且能保持整个流程有序地进行。

关于第 3 点，知识处理并非唯一的考量。通常，小组会象征性地对问题进行充分讨论，因为每个参与者都希望参与到对话中。每个人都参与而做出的重要决策，就是一个很好的例子。就新的人员政策进行的讨论会涉及各种利益相关方，还可能引发大家强烈的情绪，这会降低知识处理的效率。而小组如果能从讨论中观察到让大多数利益相关方认可的协议，那么讨论就更有价值了。

合作性身份带来的挑战

我们可以将合作所面临的挑战仅仅视为技术上的小问题，且对此不必过于担心。但在退步的合作模式中，不仅有技术问题，还有一些丑陋的事情。比如，骑士们在亚瑟王的圆桌边落座，探讨“骑士之鹰”生产线，但并没有人负责保持会议的有效进行。每个人想到什么就说什么。加拉哈忙着准备自己的发言，而没有听兰斯洛特的建议。桂妮维亚在加拉哈之后发言，忽略了加拉哈的言论，并陈述了三点理由来说明为什么兰斯洛特的计划理应被接受。诸如此类。

在大多数情况下，人们都不擅长合作。人们无法从促进合作性努力的角度来监控和指导自己的行为。要想学会合作，除了技术之外，还需要热情和投入。艺术性的促进能帮助我们实现合作，但如果仅促进者注重协调合作，就不能很好地集思广益。圆桌会议的责任需要大家一起承担。

我们可以通过几种原型来理解合作关系及其中的问题。先来了解以下几种常见的合作关系。

- **冲动型。**人们往往会冲动地参与到意见交换中，而忽略了当下所讨论的话题及时间问题等。人们的发言过于随意，过于频繁，且用时很长，而且在与人交谈时容易跑题。人们会认为：如果我有个想法，可能有用或很有趣，那我为什么不说出来呢！
- **主动型。**人们在参与讨论时有时会很主动，他们提出自己的立场，阐述论据，毫不让步，而且常常重复自己的观点。他们会认为：如果我看到前面有条路，为什么不争取呢！
- **消极型。**人们显得消极，发言不多，在与人交流时，最多也只是问什么答什么。他们会认为：我可能对此了解得不多，也不怎么感兴趣，自觉不能冒险站错队，只想让这些事情赶紧过去。

- **负责型。**在合作过程中，负责任的人在与他人交流时很在意自己的责任，谈话中肯且富有成效。他们会认为：合作是否取得成果，很大程度上取决于能否让会议有效地进行下去。

通过知识处理和象征性行为的准则可知，前三种原型很可能是退步的。它们在以不同的形式呈现以自我为中心的同时，也影响了知识处理的效率。当然，我们很容易理解它们为什么会占主导：它们都反映了人们自动做某些事情的巨大动力。说出脑子里所思所想是很自然的事情。当你对某件事情抱有极高的热情时，你的立场自然会坚定。如果你的利益和才华在某个特定的合作中无法得到认可，或者你处于一种充满威胁的氛围中，你会采取消极的态度，等待一切都过去，这也是很自然的，就像等待暴风雨过去一样。通常，出于自身性格、所做承诺或周围环境的原因，我们会不自觉地陷入这些原型之中。在本章开头的假合作的例子中，冲动占据了主导，一两名参与者偶尔的挑衅导致情况恶化，而且任何良好的促进都无法对其进行约束。

话虽这么说，我们对前三种原型也不能过于苛刻，认为是它们导致了无法挽回的灾难性做法。与之前提到过的否定式反馈和调解式反馈及其他退步的原型一样，前三种原型有时候也能起到积极的作用。例如，当仅涉及两三个人，且探讨的事情并不太复杂时，冲动型的交流就能发挥良好的作用。

有些情况则要求采用主动型的方式，比如只有一名组员认识到了严峻的道德困境，而其他人尚未看清这一点时。1986 年，美国“挑战者号”航天飞机的灾难事件就是一个典型的例子。当时，莫顿·西奥科尔公司（Morton Thiokol）的工程师们制造了固体燃料火箭助推器，他们不断地提出对推进器线圈的忧虑。在紧张激烈的讨论之后，“挑战者号”依然在寒冷的天气中发射了。不过，来自美国国家航空航天局的压力使得莫顿·西奥科尔公司的管理层置工程师们的保留意见于不顾，最终导致“挑战者号”在发射后不久便爆炸。

即使是消极的模式也能做出一定的贡献，因为当相关参与者实际上没什么可贡献的时候，他们可以为其他人腾出时间。

身份的艺术

没错，退步的原型也有进步的时候。认识到了这一点，一般来说，如果大家都以负责任的态度行事，合作很有可能会进行下去，因为大家都积极地投入到共同的事业之中，对过程也有着清醒的认知。这到底是怎么一回事呢?

进步的互动在总体层面上能提供答案。负责任的合作意味着大家要尽量维持进步的互动。负责任的人在小组内会通过管理自己的对话来进行良好的知识处理，并通过自己的象征性行为宣扬积极的、统一的、正面的信息，而非消极的和引发争议的信息。当然，这不代表要人云亦云。

更具体地来说，一些资料直接揭示了合作环境下的责任问题。以下是迈克尔・多伊尔和大卫・斯特劳斯对小组中的参与者提出的一些忠告：

- 关注促进者，并在需要的时候提供帮助和建议。
- 自由地参与。因为跟进交流的重任由促进者承担，所以不必沉迷于此。
- 记得要记录对话。写在白板上、笔记本上等。
- 倾听，倾听，再倾听。
- 不要消极。

- 不要固执。
- 不要每次都坐在同一个人旁边，要建立不同类型的联系和紧密的感觉。

我的同事丹尼尔·威尔逊曾谈到过对话的文化，并罗列了塑造这些文化的一些生产性举动和抑制性举动（见表 6-1）。生产性举动是进步的，体现了良好的知识处理和象征性行为；抑制性举动则恰恰相反。在互动的环境中，让自己做出生产性举动是自身责任的一部分。

另一个忠告来自乔·卡岑巴赫（Jon Katzenbach）和道格拉斯·史密斯（Douglas Smith）所著的《团队的智慧》（*The Wisdom of Teams*）一书。两位作者强调的几点与表 6-1 中的观点类似。他们还着重指出，团队成员要清楚、明确合作的任务以及特定阶段产生的特定目标，并标记出与这些目标有关的进步，这是非常重要的。真正地参与到合作中，意味着不将任务、目标和进步视为理所当然，而是要参与到建设、重新建设和监控中去。随着工作的进行，新的信息会产生，人们会有更深刻的见解，特定的目标乃至任务本身会自然而然地随之变化、发展。如果忽视这一点，刻板地坚持最初的观点，那么这是一种失败，而非优秀的品质。

表 6-1 塑造对话文化的举动

生产性举动	抑制性举动
阐明。提出明确的问题，换另一种方式表达等	不予理会。忽视观点，简单地用只言片语一带而过
探究。阐明隐含的设想、标准和潜在的目标	断言。如“这是唯一的方法”
测试。公开地给出并测试观点	固执。坚持己见，不能真正地将他人提出的担忧听进去
开放。接受反馈，并认真对待、进行讨论	否定式批判。只有否定式反馈，正如前言所提及的那样
建设。比较、联系及整合观点	孤立。话语不连贯；不想将观点联系起来或不愿承认他人的观点

卡岑巴赫和史密斯还认为，投入学习也是一项重要的品质。一个小组一开始就拥有推进复杂倡议的所有知识和技能，这种情况极为罕见。要学习，而不仅仅只是做事。学习的领域可能包括技术性知识、在更大的计划中看待某件事的广阔视角、处理事务的技巧以及与他人愉快合作的模式等。如果一个人将学习当成是可有可无的事情，那么他在合作性身份上就会再次失败。

马克·哈斯金斯（Mark Haskins）、珍妮·丽迪卡（Jeanne Liedtka）和约翰·罗森布拉姆（John Rosenblum）还有另一种描述，他们称之为“关系型合作”（relational collaboration）。通过对专业服务机构的广泛研究，他们发现，合作精神不仅在团队或小组之间存在，而且已成为一种普遍的道德规范和思维方式。三位作者指出了这种合作态度的几个关键特征，其中包括使命感、随时随地关心他人、认真尽责的管理以及丰富的创造力。

毫无疑问，身份的艺术有点像杂技，需要勇气、专注和技巧。然而，这一需求并不意味着要背诵相关的戒律，并不断提醒自己不得不循规蹈矩。实际上，精神最重要。有了这种精神，就很容易记得采取有效的行为或策略，偶尔的倒退也能很快得以扭转。

合作面临的现实挑战

合作并非总是那么艰难。具有讽刺意味的是，美国历史上最著名的一份文件，既是顺利合作的产物，很大程度上又是个人的建设成果。

1776 年 6 月 11 日，有关美利坚合众国未来的第二届大陆会议休会三周。与会的代表们预测，再次开会时，大会将宣布美国脱离英国独立的决定。虽然宣布休会，但一些代表仍然有自己的工作要做。包括约翰·亚当斯、本杰明·富兰克林和托马斯·杰斐逊在内的 5 名成员要起草一份文件，这份文件将宣布脱离英国，并详尽解释背后的理由。“五人委员会”很快将草拟文件的任务交给了托马斯·杰斐逊一个人。

杰斐逊着手拟了一份草稿，然后传给亚当斯和富兰克林过目，并根据他们的反馈稍做修改。之后，全体委员会一致同意修改过的文件，并将它呈交给大陆会议。1776 年 7 月 1 日，大陆会议复会。第二天，大会通过了由弗吉尼亚州的代表理查德·亨利·李（Richard Henry Lee）在休会前提交的一份文件，正式宣告脱离英国。大会随后开始对草拟的宣言进行修补。会谈持续了一两天，删除并修订了一些内容，但大体上保持了杰斐逊的原稿。1776 年 7 月 4 日下午，大会完成了编辑工作，并正式通过了《独立宣言》。

这次特殊的合作出奇的顺利。杰斐逊等人共同克服了合作中的危险。他们成功的原因显而易见。整个过程包含委托，即大陆会议委托“五人委员会”，“五人委员会”再委托杰斐逊。如果代表们都能出色地完成任务，委托是最简单的合作流程之一。更重要的是，杰斐逊没有一意孤行。他首先与亚当斯和富兰克林这两名亲密的同事交换了意见，然后将修改过的文件呈交给全体委员会，之后才递交给整个大陆会议，以征求修改意见。

杰斐逊和他的同事很幸运，因为当时他们彼此之间对合作都抱着务实的态度。但杰斐逊不可能总是这么幸运，我们中的任何一个人也同样如此。机智地分担问题和负责任的身份是合作顺利所必需的，但富有成效的合作往往被争权夺利、敌对或混乱的对话等阻碍。虽然布朗运动、螺旋下降和小集团思维这三大“病症”很麻烦，但如果小组意识到这些问题，并加以艺术性的促进，那么这些“病症”很容易得到解决。实际上，真正的危险是以下 4 大问题：激进的民主、潜在专制、争执不休和破坏者。

激进的民主

也许，合作中最难以察觉的危险就是过分追求民主的思维模式。人们都喜欢彻底地讨论每件事情：让我们听取每个人的发言，然后再来一遍！中断发言被视为不礼貌，唯恐有人感觉自己的权利被剥夺。这就是激进的民主。想象一下，假如前面刚提到的第二届大陆会议的与会者都想逐字逐句地草拟《独立宣言》；或者“五人委员会”坚持要大家都坐下来一起草拟，那样的话，就像 5 只手握着同一支笔了。

激进的民主是合作性身份的“病症”之一。虽然这是一种非常积极的象征性行为，但过犹不及。它之所以危险，是因为它会造成破坏性后果。想要克服它，就必须采取一些看起来会威胁到民主精神的压迫举动。抓好时机很有帮助。如果太早，大家会觉得严重受到压迫；当足够多的参与者对毫无成效的激进的民主感到厌倦之后，提出一些实际的建议让事情继续下去，更容易为大家接受。

潜在专制

如果说激进的民主是过犹不及，那么潜在专制就是它的双胞胎兄弟，因为潜在专制令民主荡然无存。潜在专制指的是领导者在假意维持合作过程的同时，压制其他意见，以促成自己早就想好的解决方案。这就是回答中心型领导的专制型变种。而它稍微有点不一样的地方在于，它是披着民主外衣的专制。

相应的解决方案是，假合作中的其他人至少努力以询问中心型而非回答中心型的方式发挥作用，尽量将对话打开。

争执不休

小组成员之间持续性的对抗会破坏合作。这种敌意可能反映了之前的敌对关系，如争权夺利或两个人脾气本来就不合。如此一来可能导致的后果就是，在似乎没有必要的情况下就一些观点和问题动怒。这种怒气间接地体现了实际的冲突，它不仅是负面的象征性行为，会破坏合作的气氛，还可能将其他人卷入其中，导致冲突升级。想象一下，如果当初杰斐逊和亚当斯争执不休，那么《独立宣言》会成什么样子呢?

当小组中出现争执时，由于相互之间的创伤太难抚慰，所以从短期来讲，抑制这种情况的政策比抚慰治愈创伤更有效。如果大家无法共同承担责任，那至少要劝他们以礼待人；如果他们再也不想合作完成小组任务，那么至少提醒他们可以从不同的方面做出贡献；如果他们之间的冲突过于公开，至少可以劝他们看在小组的分上收敛一点。

而从长期来讲，根深蒂固的对抗会让人付出代价。在合作中，继续让两个有着尖锐冲突的人待在同一小组并不明智，除非这种情况不可避免。如果由来已久的冲突在办公室里持续发生，可能需要将这两个人分配到不同的职能部门，或者让其中一个人挪位置。任何组织内部都存在冲突，但没有必要让“杠精”继续留在合作中，让大家都不舒服。

破坏者

有时候，合作中的某些参与者就是混乱的制造者。他们不是偶尔冲动或表现出攻击性——我们大家都会这样，他们永远都在搞破坏，固执己见，坚持过于批判的立场，将对话拖入无意义的境地。

不过，少量的混乱可能对小组有好处，虽然烦人，但有促进性。苏格拉底在雅典社会并不是很受爱戴，因为他对所有的事情总采取不受欢迎的批判性立场。他将自己比作牛虻，想“刺醒”人们，让人们注意一些事情，以免可能会稀里糊涂地忽略掉。例如，苏格拉底指责雅典人存在小集团思维的问题。当然，他也为此付出了代价，他被定罪为对神大不敬及毒害雅典年轻人，并被判服毒自尽。但他的观点没错：有时候，人们对合作的感觉可能过于良好，超过了合作本身的好处。

不过，假如破坏者就只是搞破坏呢？如果他们带来的混乱超过了所有的积极好处呢？在公开场合直接纠正混乱分子并不好，这是恶劣的象征性行为。更有效的做法往往是，一开始就建立明确的行为准则，这样一来，混乱分子要么不再继续制造混乱，要么被大家按制定的规则请出去。

我记得在某次会议上，领导者希望小组能一下子将大部分问题都解决掉。不同寻常的是，这位领导者一开始就警告小组，事情可能会升级，他还宣布会使用《罗伯特议事规则》(*Robert's Rules of Order*)，而他一般是不会这么做的，除非是敷衍了事。虽然《罗伯特议事规则》对于顺畅的对话并不是必要条件，但在这时候，法则为整个过程注入了礼貌的成分：大嗓门的人会压低声音，并避免冗长的发言；促进者则可以在某些场合中让大家保持平和。

虽然我们不能指望所有的过程都像杰斐逊与其同事一起起草《独立宣言》那么顺利，但危险的情况并非不可战胜。它们为良好的策略留下了发挥的空间，有时候还能带来诸多好处。除此之外，需要记住很重要的一点：团队和组织并非只能通过合作来完成任务。对职能进行适当的分配在很多情况下也相当有效，尤其是当某项任务不适合通过合作来完成时。

KING ARTHUR'S ROUND TABLE

工具箱

- 争取当一名不断发展的领导者，无论是作为老板、促进者，还是只是参与者，要将假合作转变为真合作。
- 始终要留意各种原型。
- 注意三种“病症”，即布朗运动、螺旋下降和小集团思维。警惕滋生它们的因素。
- 利用良好的小组促进行为来帮助解决这些病症，但不要指望它能解决合作中的所有问题。
- 注意有价值的合作的背景条件：这个任务可以分摊吗？在面对面或在线交流的机会以及奖赏机制等方面，有没有良好的实际支持？如果没有，考虑让大家在无法密切合作的情况下取长补短。
- 在 4 种分担问题原型中做出明智的选择：充分讨论、委托、拆分及迈出第一步。记住，充分讨论并非总是最好的方式，虽然大家都很喜欢。
- 培养有责任的合作性身份。记住，敌对的原型——冲动、断言和消极的身份形成得更自然，但无益于合作，当然，特殊情况除外。要注意进行促进，另外，生产性的对话文化要比抑制性的对话文化好，小组学习及其他相关事宜也会有所帮助。
- 警惕合作中的 4 大危险：激进的民主、潜在专制、争执不休和破坏者。

KING ARTHUR'S ROUND TABLE

第 7 章

通过信任优化冲突

《李尔王》中的信任悲剧

先将亚瑟王放一放，想一想李尔王。莎士比亚的《李尔王》中没有圆桌，它讲述的是一个关于冲突以及由信任造成悲剧的故事。

上了年纪的李尔王对治理国家逐渐感到力不从心，打算将国家分给三个女儿：大女儿戈纳瑞、二女儿里甘，以及最小也是他最宠爱的女儿科迪莉亚。一开始，李尔王要求女儿们说出对他的爱。戈纳瑞花言巧语了一番，里甘做的则超过了姐姐，用一段荒唐可笑的话将李尔王夸成了宇宙的中心。但当李尔王问及科迪莉亚的时候，他没有听到自己想要的答复。科迪莉亚被姐姐们的巧言令色激怒，坚定而平静地说："我无话可说，我的父亲。"李尔王警告她"无话可说你将一无所获"，并要求她重说。科迪莉亚说："我爱您如同一个女儿恰如其分地爱着父亲，一分不多，一分不少。"虽然这句话也算得当，但在这种情况下，它听起来可能有点冷漠。

李尔王很不悦。他信任的是能言善辩的戈纳瑞和里甘，而不是克制的科迪莉亚。于是，他将一半王国分给了戈纳瑞和她的丈夫奥尔巴尼公爵，另一半分给了里甘夫妇，只留了100名武装骑士作为自己的随从。他提出要在两个女儿的属地轮流居住，并流放了科迪莉亚。所幸，科迪莉亚的求婚者之一——法国国王赏识她的美德，娶她当了王后。

后来，戈纳瑞和里甘都没有遵守她们的诺言。她们对支持李尔工的随从毫无兴趣，还轻蔑地对待李尔王。后来的事情变得复杂而血腥：科迪莉亚与法国国王发现李尔王遭受虐待。科迪莉亚率领一支军队想拯救父亲，但输给了戈纳瑞和里甘的联合军队。戈纳瑞的丈夫是个善良的人，他认识到了戈纳瑞的背信弃义，因此开始反对戈纳瑞。最后的结局是：戈纳瑞自杀了，她在死前出于仇恨毒死了里甘；科迪莉亚则被两个姐姐下令绞死在狱中。李尔王则因自己唯一忠心的女儿的悲惨命运，悲痛而死。

信任原本是一个积极的概念，但《李尔王》却是一个由信任引发的悲剧。在莎士比亚的这一故事中，信任成了一股破坏性的力量。李尔王一方面过于信任他人，另一方面则信任不足。他将戈纳瑞和里甘当作天使，完全信任她们的花言巧语，并期待能在她们充满爱心的照料下安享晚年。相反，他将科迪莉亚妖魔化，认为她缺乏忠诚。

冲突可以是创造性的

信任是一个积极的概念。在商业、政府和个人生活中，我们都希望有足够的信任。但正如李尔王的故事告诉我们的，信任也不能过度。冲突则是一个消极的概念。在商业、政府和个人生活中，我们都希望保持足够的平静。然而，与信任可能过度的道理一样，冲突可能少之又少。

现在，让我们再来想一想亚瑟王。假设今天是圆桌开放日。你参加了，坐在角落里，想看一看是什么成就了亚瑟王的圆桌。你注意到，今天所有的事情看上去都极其平静，如同紧闭的蛤蜊。亚瑟王提出了几点，大家纷纷附和；加拉哈也提出了几点，每个人，甚至连亚瑟王都点头称是。很快，你就认为这一切过于平静了。圆桌的条陈真的很无聊，要不然就是所有人都还没从宿醉中恢复过来，再不然就只是一次正式场合的激进的小集团思维。平静的确平静，但不是很有创造性。事实上，在一开始多发表一些有分歧的意见，可能会产生更多的潜能。

创造性冲突：从动植物到人际关系，再到组织、团体和国家，世界上到处都是创造性冲突的例子。

通常我们对冲突抱有负面看法，一定程度上是因我们对冲突的破坏作用记忆犹新，而不记得它常常如何起到创造性的作用。在生物学层面上，冲突促进了诸多进化，创造了很多真正非凡的生物，比如我们人类。仔细想想，它们可能也在与其他贝类或牡蛎等生物默默地竞争。它们并不像看上去那样安静。

在国家层面上，冲突往往意味着战争；但即使是战争，也能以某种特定的方式发挥创造性作用，如推动技术进步，或者传播法律、文明或文化等，就像古罗马帝国做过的那样，尽管它也犯了诸多错误。此外，国与国之间的冲突有时候还会涉及社会变动的巧妙过程，比如甘地用非暴力不合作促使印度脱离英国的统治。

在商界，自由市场内的竞争有助于以合理的价格提供产品和服务。经济学家约瑟夫·熊彼特（Joseph Schumpeter）的创造性破坏理论主张，用新思想和新行为替代旧方法是事物发展的自然规律，且从根本上来说也是具有创造性的。以这种达尔文主义的观点来看，在面对新挑战时，组织是重新定位还是破产，是适应还是被淘汰，同样都是事物发展进程中的一部分。所有这一切，在组织和商业的内外部都适用。个人和团队会为了某些主张和项目竞争，有人胜出，有人失败，如果竞争发生在合理公平的基础上，那么这一过程肯定是具有创造性的。

19 世纪的德国哲学家黑格尔曾将冲突奉为神圣，他认识到了正题（thesis）和反题（antithcsis）的过程及其相互冲突的立场，而合题（synthesis）又将二者置于更有启发性的结构中，同时兼顾了二者的重要特征。黑格尔的观点支持了冲突的必要性，即如果没有正题和反题之间的冲突，那么就不会有合题；事情就会只停滞在最初的正题上。

总的来说，信任可能是消极的，冲突可能是积极的。而且，正如我们将了解到的，冲突和信任在创意和破坏性的情况中会交错发生。创造性冲突离不开高度信任，即信任工作中的他人或其他体系；而破坏性冲突则源于低度信任。冲突、信任以及二者之间的互动，是集体生活中的热点，也是培养组织智能的重要主题。

解决冲突的原型

当人们就同一件需要解决的事情迫切地给出不同答案时，就会产生冲突。不同的答案可能涉及几乎所有因素，比如谁得到李尔王的王国，应该开发何种生产线，哪家承包商为大多数的欧洲航空公司提供下一代飞机，批准哪种核试验，谁出去倒垃圾，等等。更重要的是，如何对情况进行决议。

对于这一切，传统的悲叹是：“为什么我们就不能统一意见呢？”当然是因为反对的理由太多，迫切提出某项决议的理由也很多。转到群体和组织方面，李·鲍曼（Lee Bolman）和特伦斯·迪尔（Terrence Deal）在《组织重构》（*Reframing Organizations*）一书中提出，为什么资源总是有限的，为什么高级职位总是稀有的，为什么某些角色总是比其他角色更有吸引力。关于谁得到多少预算、谁管理其他人、谁得到更令人垂涎的职位，这些问题难免会产生。在家庭中，情况也差不多。职场中的资源也是有限的，总有愉快或不那么愉快的工作需要关注。甚至在国家之间，这些原则也同样适用。除去这些不可避免的冲突不谈，每个人的个人风格、对冲突的看法以及各种其他因素都会使问题进一步变得严重。

如果冲突无法避免，那么组织智能的圆桌模型就会鼓励我们去研究冲突的原型。冲突产生的多样性令人惊喜或失望。人们可能继续冲突下去，也可能仅仅为了摆脱冲突而做出让步，或者开始避免冲突。今天的计划可能是解决手头问题的最终决议，是一种获得信息的调查方案，或者是试验阶段的一个决议。但所有这些都不会割裂解决冲突的过程。解决冲突的模式特别重要，以下三种模式虽然难免存在混合和融合的情况，但它们相互之间的对比特别明显：

- **共识决议。**人们经常通过达成共识或几乎达成共识来解决冲突，决定解决方案；或者先尝试什么，再尝试什么；或者彼此让步达成交易；等等。（达成共识，或者几乎达成共识，保持合作关系不受损害，大家可以继续合作。）
- **民事决议。**人们经常通过向某种管理机构或管理者申诉来解决冲突，比如领导、投票决议部门或司法机构。这种民事机制决定哪一方赢，或如何平衡地、综合性地解决问题。（理想情况下，民事决议为每一方提供公平的听审，至少可以做出决定，让事情可以继续下去。）

- **权力决议。**有时候，人们通过权力来解决冲突，如通过代表自己利益的政治或行政权力，或通过武力冲突、财政操控等方式；或者，一方有力量摆脱冲突并这么做了，如辞职、换岗位或换职位等。（有时候，民事机制不存在或不被接受，于是事情就简化成谁有权力谁就获胜或离开等。）

为什么这三种模式会不断地重复出现？因为它们反映了一种基本的三维逻辑：为了达成决议，要么同意，要么有一组人或其他人来决定，要么事情归结到有权人的手里。

将行政命令、武力冲突、自动摆脱冲突等多种策略都归结到权力决议之下，似乎很奇怪，但它们都有重要的意义：追求这些策略的人或小组，不需要让任何人信服，既不需要说服对方，也不需要说服法官或投票者。他们只是在利用使自己摆脱冲突的权力，包括直接撤离。

类似地，将领导的决定等权威导向机制以及投票等民主机制归结到民事决议之下，可能也很奇怪。不过，它们同样拥有共同的特征。权威人物和投票都是民事机制，提供了一种有序的方式来解决冲突，并推动事情的顺利发展。当然，它们往往还有其他职责，如制定制度等。为了解决冲突，冲突双方必须说服决策者。如果冲突的一方就是领导，领导通过行政或政治的权力获胜，这就是权力决议。对于真正的民事决议，权威人物应该保持中立，代表所涉及的个人及组织的利益来做决定。

那么，各种解决冲突的艺术和技巧是如何融入这种方案中的呢？总的来说，它们符合共识决议。典型的冲突解决技巧试图在冲突各方之间达成更好的相互理解和一致同意的解决方案。冲突各方可以自己尝试找到解决冲突的策略，但更有可能的是，他们需要中立调解人的帮助。调解人的存在可能使这个过程看起来像民事决议。然而，调解人不是做出决定的法官，而是支持冲突各方达成共同决定的促进者。

退步的冲突与进步的冲突

有三种解决冲突的原型。哪一种原型进步的互动最多，知识处理最佳，拥有最好的象征性行为，且能最好地为组织智能服务呢？

在这场“竞赛”中，最明确的“失败者”是权力决议。从特征上来说，权力决议不需要冲突双方进行良好的知识处理。双方可能完全没有交流；即使有交流，双方也很可能保留信息，错误地传递信息，并对他人的陈述持怀疑态度。双方很可能会相互指责，而不认可自身对冲突所负的责任。即使双方都努力开诚布公，双方也会都倾向于以刻板印象来看待对方，认为对方所说的只是为了自己的利益。因此，双方之间的知识处理就很糟糕了。此外，双方各自内部的知识处理也很糟糕。在竞争的压力下，以刻板印象来看待对方的倾向很容易导致个人和集体的知识处理能力大大下降。

至于象征性行为，一方或双方尝试通过权力决议来解决问题，明显地传递出了负面信息，会使得小组分裂。换句话说，尝试权力决议会立即导致严重的不信任。

不过，与前文提到的“恐龙悖论”相反，权力决议并不总是趋向于压倒更进步的共识和民事决议而处于主导地位。原因似乎足够明了：从短期后果和长期后果来看，权力决议往往相当消极，其结果就是人们会寻求共识和民事决议来代替它。不过，世界上的任何斗争，从团体到国家，都证明了权力决议的受欢迎程度。

比较一下共识决议和民事决议，人们很容易指出共识决议最进步，因为按逻辑来说，共识决议包括最佳的知识处理，并且传播最令人赞许的象征性行为。不过，共识决议和民事决议之间的权衡过于棘手，因此很难说共识决议就是胜出者。

其中的一个问题是，共识决议和民事决议都存在重大缺陷，即我们所称的“病态”。要达成共识，就要有合作的过程，而这一过程常受制于前文所提出的“病症”。讨论的过程可能过于简单（小集团思维），或者过于困难（布朗运动和螺旋下降），因而不能很好地发挥作用。共识决议会导致共识假象：表面上所有人都参与了讨论，但事实上有些人会在事情发展的过程中蓄意搞破坏。

民事决议也有自己的“病症”。如果是投票解决，投票人可能会过度受到情绪化争论及其他不恰当申诉的影响，继而出现动摇。如果是行政决定，那么本该保持中立的权威可能会腐败。

不过，不用太在意这些缺陷。即使是理想的形式，共识决议也不一定比民事决议更进步。至于知识处理，陷于争辩中的人当然可以同心协力，一起致力于找出一个合理的决议，不过，所耗费的时间会相当长。民事过程中的第三方，领导或投票的团体，有时候可以以旁观者和中立的态度，提高知识处理的质量和速度。民事机制的介入可能使得竞争者更加轻松，因此每个人能集中精力，尽可能地将事情做到最好。至于象征性行为，很显然，力求达成共识本身就存在有力的象征意味，而良好的民事机制运作同样存在强有力的象征意味。深思熟虑的领导，机智的法官，以及就充分讨论的话题进行投票的人，都主张有序地解决问题，避免第三种选择，即权力决议。

重要的一点是，我们要承认，对于冲突双方，有些问题是达不成共识或无法接近共识的。民事决议是我们所能期待的最佳解决选择。例如，如果两个人在竞争同一个管理者职位，或者两名销售人员在竞争同一个老客户，或者两个政党都在竞争一个总统职位，那么共识决议几乎没有任何意义。

所有这些都有助于揭示解决冲突的原型以及各自的一些利弊，但仍未能揭示推动冲突向各种决议原型方向发展的力量。这些力量中，有很多关系到本章的另一个主题，即信任。

信任如何运作

理查德·法森（Richard Farson）的《荒诞的管理》（*Management of the Absurd*）一书热衷于提出搅乱共同信仰的命题。其中的一项反驳了“组织是强大的”这一观念。法森表示:“个人几乎无法被摧毁，而组织往往很脆弱。”法森提出，人际关系很脆弱，而组织是建立在人际关系之上的。当人际关系出现严重的问题时，我们会感到伤心和沮丧，但仍然能活下去，继续前进，然后与其他人一起做事。然而，小组、团队、组织或群体可能会遭殃甚至崩溃。委员会可能会陷入争吵之中，导致任务失败；行政小组可能因为愿景有分歧或高层的对立而产生动摇；企业兼并可能会失败，因为不同的公司文化会使得敌意和竞争越来越严重。

信任是创建凝聚力的基石，在各种团队、实践群体、人际网络、社群和组织中都是如此，但它也很易碎。那么，我们如何才能理解信任呢？当信任来临的时候，它是从哪里来的？当信任消失的时候，它又去哪里了呢？我们如何才能避免成为李尔王，不像他那样由于错误的原因而信任了错误之人呢？虽然信任在人与人之间的感觉和感情世界中占有一席之地，但这一概念有着十分清晰而有序的逻辑。

信任最引人注目的特征之一是实用性。虽然信任需要内心平静，但内心平静会转化成行动的步伐。世界上的机遇和危险以令人烦恼的方式混杂在一起。即便是待在房间里，也有难以察觉的危险。你能否信任椅子足以支撑自己的体重，或者壁炉中的火焰烧不到外面去？当我们信任的时候，我们会制订计划并付诸行动，不必对各方面的影响过于烦忧。否则，我们必须反复检查。因此，除了帮助我们改善对自己所处环境的感受外，信任超级实用。

此外，信任的语言往往很笼统。我们会说“某人完全值得信任”或“你当然可以信任某人”。但这种归因并不像看起来那样宽泛。我们这么说，是在含蓄地界定信任的类型。可以信任某人按时完成工作，但不能指望他能将你从水池里救出来；可以信任某人帮你照顾一两天孩子，但不能指望他能管理好你的股票业务。

当我们确实信任某人能担任某些角色时，这种信任包括两种互补的判断。其中一个判断是能力。我们信任无生命的物体、他人、小组或组织，甚至动物，能以多种方式取得成功。我们信任椅子能承托我们、同事能按时完成工作、邮局能将邮件送达等。另一个判断是承诺。虽然椅子不会承诺什么，但个人、组织以及某些动物会做出承诺。我们信任同事能按时完成任务，不仅因为他们有这样的能力，还因为他们所做的承诺；我们信任邮局能够投递邮件，也是因为邮政机构的制度性承诺。

我们以多种方式达成这种能力和承诺的双重判断，如通过直觉、事情的来龙去脉，以及从经验得来的系统性证据。长期经验和对事物的直觉混合起来，使得我们能够判断自己在多大程度上能信任某件事、某个人或某个机构的能力和承诺。有时，我们的信任是基于过去有关的人或情形而获得的经验，但我们也经常信任一些“角色”，而完全不知道具体的情况如何。例如，我们信任银行柜员很诚实，医生很博学，公交车司机能很好地驾驶公交车，导盲犬能为主人带好路。仅仅是这样的“角色”，也是一种证据。我们知道，在这些“角色”背后隐藏着筛选的流程，以保留这些属性，并淘汰掉那些不符合的。有时候，这些“角色”确实也会辜负人们的期望，这意味着我们需要保持一定程度的警觉，但“角色”至少为信任提供了一个起点。

当然，有时候我们对能力的判断会出错。如果我们坐的椅子散架了，我们会感到失望，但并不会感觉到被背叛，至少不会感到被椅子背叛，虽然可能会感觉到被制作椅子的人背叛了。如果同事缺少全程跟进任务的能力，我们同样会感到失望，但并不会感觉到被背叛。同事已经尽力做到了最好，但结果证明他能力不足。当我们对承诺的判断出错时，我们会感觉到被背叛，比如当同事还没完成工作就去看比赛，或者某家快递公司经常弄丢快件。对于这两种情况，如果同事或快递员投入更多的努力，本来会将事情做得更好。所以，失望的感觉就是我们对能力判断失误的警示，而感觉到被背叛则是我们对承诺的判断失误的警示。

所有这些揭示的系统化问题值得注意，很多事情一开始看起来可能就像处于“感觉不错”的错觉中。总结起来就是信任的逻辑：

- **信任的实用性。**因为我们信任某些人、某些机构以及某些事物，所以我们可以继续前进而不用担心。
- **信任什么。**即使我们没有脱口而出信任某个人、某个机构或某种事物，我们的信任也是有严格的范围界限的，即我们信任的是特定的那个人、那个机构或某个事物扮演的特定角色。
- **信任的两个方面。**我们信任某些人或某些机构的时候，依靠的是对能力和承诺的双重判断，即获得成功的能力以及相应的承诺。
- **何时信任。**当我们根据直觉、证据、条件等进行推断，所需要的能力和承诺都到位时。

- **何时信任会遭到破坏。**当能力不到位时，我们会感到失望；当承诺不到位时，我们会感觉到被背叛。

警惕信任的绝对化

在生活中，关于信任的完美故事可能会像这样：根据经验，做出信任的判断。虽然有时候我们会误读一些信号，但总体上会以合理的方式行动，承担合理的风险，然后过着合理的幸福生活。

当然，现实世界中，在工作车间、销售公司、部门会议及联合国特遣部队中，情况并非都如此。我们实际上生活在李尔王的国度，在这个国度，对信任的误判很常见。我们对他人或小组的信任太少，并将那些让我们莫名其妙感觉自己被背叛的人妖魔化。而有时我们又会过度信任，将他人当作天使，而当他们几乎不可避免地背叛我们这种过度信任时，也会导致我们再将他们妖魔化。这就是信任的悲剧。

换句话说，信任经常会落入充满危险的"病症"之中。在这种情况下，信任是绝对的，对不同的情况缺乏鉴别，也没有足够的敏锐度。这样带来的后果可能并不严重，但有时候却影响深远。

信任为什么会变得绝对化呢？事实上，不仅是信任，我们做出的很多判断都会趋向绝对化。一些心理学因素都在将判断推向这一方向，如以下几种因素。

- **不合理的期望。**人们经常期望别人是能力和承诺的模范。不合理的是，他们想要的是天使。专行独断的人想要服从的天使，官僚主义者想要服从流程的天使，民主主义者想要全心全意、有思想的天使，狂热分子想要全身心投入的天使，诸如此类。而当这些期望落空时，他们的态度会来一个大反转，深深地感到失望和背叛，于是将他人妖魔化而不再将其当作天使。这并不合理。我记得几年前自己也曾感觉到背叛，当时一名同事出人意料地离开了工作，却几乎没有通知其他人。好在后果很快得到了控制。随着时间的推移，回头再看这件事，我发觉自己当时过于理想化了。虽然他当时投身于工作，但一个极好的机会不期而至，如果错过就太傻了。

- **意料之外的期望。**一起工作的人，很容易对彼此的期望持有不同的想法。例如，你觉得自己下周可以处理我的问题，而我觉得你理解这件事的紧急程度；你理所当然地认为我们应该对几个重要的方面同步推进，而我理所当然地认为我们都应该准备周二的重要会议；你认为自己应该灵活地实行新制度，而我则担心法律后果，并觉得我们应该严格执行。当我发现自己的问题没有得到答复，没有为周二的会议做好准备，或者出现违反制度的行为时，我很可能会对你的能力或承诺不再那么信任。如果我们养成阐明期望的习惯，那么我们都会变得更好！
- **基本归因误差。**这一概念是由斯坦福大学的社会心理学家李・罗斯（Lee Ross）提出的，它描述的是人们如何解释自己以及他人的行为。我们倾向于通过性格或人格来解释他人的行为，而通过环境因素来解释自己的行为。例如，对于保罗为什么周二上班迟到了，我可能会提到他的性格："保罗就是那种经常迟到的人，指望他准时上班根本不可能。"但如果我是保罗，我可能会相当诚实地说："我吃早饭的时候打翻了咖啡，不得不收拾干净，更糟糕的是，路上堵得很厉害。"而对于保罗为什么早早地完成了年度报告，我可能又会提到他的性格："保罗在关键时刻确实可以完成工作。"但如果我是保罗，我可能会承认："我觉得这挺重要的，我周末过得很轻松，所以接下来我就努力地去做了。”所有这些判断都有一定真实的成分，然而，认为其他人的行为大部分由性格决定，而自己的行为大部分由情况决定，并不合理。性格归因在本质上很笼统，这会导致绝对信任或绝对不信任，随之会将他人天使化或妖魔化。

- **过度泛化。**人们很容易认为一个经常迟到的人在关键时刻靠不住。但事实上这个人很可能靠得住。我们随意地将信任或不信任某个人的一个方面转移到另一个方面，这种做法很有风险。我们都会认为，我们在某一方面可以信任一个人，而在另一个方面则不能。对于信任的可靠判断并非压倒性的绝对化。我们并不是在所有事情上都可以信任某人，而是有选择和要求的，比如可以在这种事情上信任某人，但在另一种事情上不信任。
- **选择性信息处理。**在皇帝眼里有的人是不会做错事的，而有的人似乎就不会做对的事，至少在某些“皇帝”眼里是这样，无论是这些“皇帝”是总统、部门领导，还是教练。这样的人患有“绝对信任综合征”，在某种程度上，我们每个人也同样无法避免。与所有的心智模型一样，对于信任的判断一旦形成，会导致选择性的信息处理，以求证明。一旦总结出某人值得信任或不值得信任，日常关系中的混杂证据很可能会强化已经形成的判断。例如，富人越富，穷人越穷；一朝是天使，就永远是天使，一朝是恶魔，就永远是恶魔。要改变这种判断，可能需要大量相反的证据。

以上几点的共同寓意就是：

不要信任自己的信任，要培养反思性信任。

我们对于信任的判断往往过于绝对化。比绝对信任更好的一个原型是反思性信任，即深思熟虑地评估实际上可以在哪些事情上信任哪些人，同时在期望不明确时将其摊开来讲清楚。反思性信任更加有分寸和针对性，有助于评估在哪些方面信任哪些人。反思性信任会涉及更深入的知识处理，也会带来更积极的象征性行为，而这是通过避免宣扬不合理的积极或消极的期望而达成的。

反思性信任将我们引入了另一个心理困境——皮格马利翁效应。

皮格马利翁效应：虽然我们最好不要信任不足也不要信任过度，但似乎信任稍微多一点比信任少一点要好。

原因在于象征性行为：信任会振奋人心，而不信任则会令人泄气。例如，当阿莉西亚信任本尼迪克特会在其负责范畴内化解一场冲突，监控某项目的法律影响，或者以职业的严谨态度来进行分析时，本尼迪克特很有可能了解这些。可能阿莉西亚会直接告诉他，但通常他是从她的自信以及毫不犹豫中认识到的。即使本尼迪克特并没有那么投入，他很可能也会尽量提升自己以完成任务。而如果阿莉西亚不信任本尼迪克特，那么他很可能会从她的行为中探测出这样的信息，继而减少投入，并且也不会信任作为同事或领导的阿莉西亚。

希腊神话中的皮格马利翁，是信任能带来鼓舞人心力量的一种自然的比喻。萧伯纳将其改写成了一部同名的现代戏剧，后来又被改编成一部有名的音乐剧：《窈窕淑女》（*My Fair Lady*）。在这部音乐剧中，一位原本居住在伦敦东区的卖花女被一位愤世嫉俗的方言学家改造成了优雅的社交名媛；而在这一过程中，方言学家逐渐爱上了这位卖花女。心理学家用这个故事作为例子来比喻皮格马利翁效应，即人们对他人的积极特质的信念，往往会强化这些特质。当然，也存在反向的皮格马利翁效应，即对他人消极特质的信念，也会进一步凸显这些消极特质。

不过，皮格马利翁效应虽然很真实，但不完全可靠。因此，信任稍微多一点会显得明智，因为这不会冒太大的风险，不过也不能信任太多。

信任与冲突如何结合

也许爱情和婚姻真的像马和马车一样极为匹配。不过，无论爱情和婚姻的情况如何，冲突和信任的确总是绑在一起，这一“联姻”比现实中的很多婚姻要顺利得多。人们常常听到警告说，不要指望能改变伴侣的性格，但信任恰恰能这么做，也就是将破坏性冲突转变为创造性冲突，或者说：将退步的转变为进步的。

那么，该怎么做呢？前文定义了三种解决冲突的原型，表 7-1 展示的是将它们与三个信任领域相匹配。

表 7-1　不同的解决冲突的原型所对应的信任领域

原型		信任领域
共识决议	↔	信任共同愿景，如事业、任务、合作关系等
民事决议	↔	信任民事机制，如领导、投票表决、法庭等
权力决议	↔	只信任自己和自己人，如近亲、“自己人”小团体等

注意，表格中的箭头是双向的：不单信任共同愿景会激励（虽不能保证）共识决议，高效的共识决议也会建立起对共同愿景的信任；不单信任民事机制会激励民事决议，高效的民事决议也会建立起对民事机制的信任；此外，虽然不太值得称赞，但只信任自己和自己人不单能激励对“外人”采用权力决议，权力决议也会激励个人只信任自己和自己人。

信任共同愿景

当信任共同愿景的时候，你就相信大家能共同认识到什么最重要。在小组中，你的目标与其他人的目标是一致的，或者至少是互补的。而且，你相信大家对这个共同愿景有足够的承诺，并能以共同或互补的目标共同追求成功。能力和承诺，是信任的两个特征。

在公司的世界里，划分明确和可持续的共同愿景有助于推动组织前进，这并不罕见。詹姆斯·布赖恩·奎因在《智能企业》一书中谈到了以创新精神面向未来的前沿视野的影响。其中一个例子是杜邦公司（DuPont）的经典口号："通过化学生产更好的产品，创造更好的生活"。另一个例子是英特尔公司视自己为社会改革力量的承诺。英特尔公司的两位创始人戈登·摩尔（Gordon Moore）和罗伯特·诺伊斯（Robert Noyce）一再重申这一点。奎因强调，口号只是一个入口，它能带领我们走向更复杂的价值观和哲学，使得努力能够得以维持。

信任共同愿景的时候，很多冲突并不是对立的。例如，莫莉说要 A，梅布尔说要 B。两人争论是 A 胜出还是 B 胜出。然而，如果两人的辩论涉及总目标范围内的方法问题以及由共同愿景确定的一般方法时，她们的共同承诺会为解决冲突提供基础：A 和 B，哪个能更好地服务于共同愿景？结果两人有可能会达成共识。这当然值得一试。

但这并不是说，有着共同愿景的小组只需要共识决议。即便有着共同愿景，人们也会有各自的利益，一些冲突会将其反映出来。就像上面的例子，莫莉和梅布尔可能会发现，即使是广泛的、经过认真思考的讨论仍然无法解开两人之间在 A 和 B 上的死结。这时，可能需要某种民事机制来解决，比如投票表决、由领导决定等。然而，关于如何为共同愿景服务，两人不同的观点至少能让小组中的讨论变得更丰富，有助于实现创造性冲突，避免落入小集团思维的陷阱中。

有关创造性冲突和破坏性冲突的研究也支持上述这一观点。著名的社会心理学家莫顿·多伊奇（Morton Deutsch）曾对两种相互依赖进行了区分：促进性相互依赖和抑制性相互依赖。促进性相互依赖指的是人们以协作性的方式互相依赖的情况。人们有着共同的或者互补的目标，一个人对于目标的追求也有助于推进其他人的目标。共同愿景通过建立广泛的共同目标来帮助创造促进性相互依赖。抑制性相互依赖指的是一个人对目标的追求会妨碍其他人实现目标的固有冲突。

谢霍坚（Dean Tjosvold）在一项以多伊奇的概念为基础的分析中，将相互依赖的概念和创造性冲突及破坏性冲突联系了起来。在促进性相互依赖的情况下出现冲突时，它很可能富有成效。因为大家的目标是一致的或协作性的，争论的焦点只停留在方式问题上；分歧会在追求目标的过程中带来更多可能性，因此人们很可能达成共识或接近共识，或者至少能想出友好的解决方案。谢霍坚声称，在这种情况下，创造性冲突甚至有助于化解个人内在的心理冲突。相反，如果是抑制性相互依赖，那么整个情况基本上相反。虽然冲突可能在更广的社会层面上带来好处，但冲突本身会催生赢家和输家，或者折中的半赢半输。关于促进性相互依赖的创造性结果和抑制性相互依赖的破坏性结果，谢霍坚在回顾了大量的证据后指出，这种情况在不同的文化中都存在，并不仅限于西方文化。

在这个节骨眼上，务实的人可能会评论道："我懂了，但我能做什么呢？要么有共同愿景，要么没有。如果没有，那么达成一致的决议到此为止吧。我要打电话给我的律师了。"

先别打电话。共同愿景要么有，要么没有，这种认识已经将事情过度简化了。共同愿景是人们为了满足需求而建立的。例如，社区和企业之间关于用水权的纠纷可能带来有关保护和共享的总体视野，有益于每个人的长期利益，且能避免臭名昭著的“公地悲剧”[①]，即防止过度使用资源伤害所有人。生产厂商推广竞争性产品，经常能够很好地为市场建立共同愿景及其需求，以及为之服务的共同标准，否则，哪些产品在哪家机器里运作以及哪种标准最后能胜出，诸如此类的疑惑和不确定性会妨碍强有力的市场发展。深思熟虑的讨论会有帮助，愿景中心型领导会有帮助，长期以来共同的经历也会有所帮助。为了支持进步的冲突并促进达成共识的机会，人们就能建立且能更完善地调整这种愿景。

不过，即使人们拥有共同愿景，一旦发生冲突，可能也需要有人提醒大家。例如，梅布尔发现自己和莫莉之间的分歧比两人共同承担的责任更大。而当她们纠结于琐事该如何处理的时候，她们却对共同愿景视而不见。

共同愿景的敌人之一是责备。比如，梅布尔和莫莉在处理员工职责变化的方式上存在着巨大的分歧。梅布尔责备莫莉对人们的关心很冷漠，而莫莉责备梅布尔忽视了快速处理紧急事件的必要性。在《高难度谈话》(*Difficult Conversations*) 一书中，道格拉斯·斯通 (Douglas Stone)、布鲁斯·佩顿 (Bruce Patton) 和希拉·汉 (Sheila Haan) 对以下两个系统进行了对比：导致争议的责备系统和贡献系统。贡献的语言要求梅布尔和莫莉两人都谈谈各自的行为如何有助于推动局势的发展。这并不否认某个人可能负有更多的责任，但它确实表明，在复杂的组织环境中，事情很少只取决于一个人的行为。责备的语言是一种退步的原型，贡献的语言则是一种进步的原型。

共同愿景的另一个敌人是绝对信任。这种信任指的是：你要么和我们在一起，要么就是反对我们。除了达成共同愿景，培养合理的期望也很重要。

---

① Tragedy of the commons，又被称为“哈定悲剧”，由美国经济学家加里特·哈定 (Garrit Hadin) 提出，指的是一种涉及个人利益与公共利益，对资源分配有所冲突的社会陷阱。——编者注

当然，人们不会达成百分之百的同意，哪怕是关于愿景的细节。而且，人们的目标也不会完全一致。有反思性信任，即达成相当程度上的一致就足够了。

即便是看起来根本对立的情况，有时候也可能进行重新构造，凸显共同愿景。这正是罗杰·费希尔和威廉·尤里提出的利益型谈判策略。回忆一下立场型谈判，这种原型在谈判中往往占主导地位。每一方都采取一种立场，要么一方陷入僵局，要么一方让步，要么双方都妥协。相反，利益型谈判要求每一方阐明各自的利益，即需求和顾虑的方面，以确定共同及互补的利益。这样的结果往往导致一个共同的问题，双方可以创造性地进行解决，虽然并非总是如此。换句话说，这也是一个既可以信任也可以追求的共同愿景。这一共同愿景带来共识决议的可能性，要比带来对抗性解决方法的可能性大得多。

值得强调的是，共同愿景中的相互信任和共识决议，是相互强化的关系。每次成功达成共识决议，即使是小方案，也能提升人们有关共同愿景的意识。为了达成共识决议，具体案例具体分析很值得，这样可以在各自的愿景中建立持久的信任。

信任民事机制

美国的法律准则要求法官不仅要避免产生不当行为，而且要避免表现出不当行为。你可能会认为，避免实质性的事情就足够了，但事实并非如此。为什么？

这是象征性行为的问题。在这个系统中，信任极为重要，哪怕是对于偏见的暗示，都会逐渐破坏这种信任。如果你信任民事机制，无论是求助于法官、领导、投票表决，还是其他方式，你相信解决冲突的民事过程是不带偏见的，你自己的这一方和其他各方都能得到公平的对待。这个过程反映了问题本身的对错以及小组的需求，而不是特殊的利益。你也相信，这个过程能以合理有效的方式得出一个合理有效的决议。此时，信任的两个特征再次出现了：民事机制对于完成任务的承诺及能力。

而实际上，民事机制在维持信任方面面临着特殊的挑战。你不能总期望所有人永远都会做出有利于你的决定。当经理同意别人的计划时，你不能自动得出结论说经理带有偏见。当你中意的候选人落选时，你不能自动得出结论说投票是内定的。总的来说，当民事机制的决议对你不利时，你可能会认为它犯错了，但你仍然希望它犯的错误是合理的，同时，你还是会冷静地关注手头的事情。

弗朗西斯·福山（Francis Fukuyama）在他的《信任》（*Trust*）一书中，强调了信任对生产性社会的重要性。福山明确区分了高信任社会和低信任社会。在高信任社会中，人们几乎都彼此信任，也信任社会机构，比如学校、商业机构和政府机构等。小过失和致命错误会时不时地出现，但总的来说，社会中的文化风俗和规则会维持人们的信任，而且当这些行不通时，还会出现纠正措施。福山用一个恰当的词称赞了这一风俗：联结的艺术。

而在低信任社会中，人们只信任身边的人，无法信任社会机构。法律系统和其他政府机构可能腐败或效率极度低下，或二者兼而有之。在低信任社会，生活异常艰难。要知道，信任的基本功能是让生活简化。当我们拥有信任的基础时，我们不用担心某些事情，就可以继续前进，关注其他事情。信任能将人解放出来。反过来，信任的普遍缺乏是极其有害的，这对人的幸福和社会生产力都是阻碍。

那么，在民事机制中，建立信任需要什么呢？很多情况下，启动措施意味着，在没有民事机制运行的地方建立一种民事机制，所以自然也不存在可信任的民事机制。让民事机制开始运行，则意味着，制定政策来处理某些冲突；颁布规则、法律或政策；在命令层级中，确定由哪位领导处理何种分歧；等等。

通常，民事机制明确禁止权力决议。例如，如果邻居借走了你的割草机但没还，你不能闯进他家车库将割草机拿回来。你要做的是报警。即使是非强制性的民事机制常常也会有帮助，例如，自愿协调冲突，或者有意选择通过小组裁决来打破僵局。

当然，仅仅建立民事机制，并不能通过某种社会魔法来实现大家想要的信任。可能一个组织会设立一名负责人分管某一地区，召集一个评审小组来评估特定的工作，或者创建一个常务委员会来裁决一系列纠纷。从一开始，负责人、评审小组或委员会就不该表现出明显的偏见。我们并不想要一个明显存在偏心的负责人。对评审小组或委员会也是一样的道理。随着时间的推移，民事机制必须建立公平、合理且高效的档案记录。所有这三项都不仅仅是实践成就，也是象征性行为，即通过行动来证实这个系统值得信任。

也许最棘手的情况是病态的民事机制，即被腐败所玷污，或由于低效和迟钝而变得支离破碎。这也是一条“恶龙”。

只信任自己和自己人

如果你只信任自己和自己人，如家人、“自己人”小团体、团伙成员等，你对双方在共同利益上的承诺以及能力充满信心，但对“外人”帮忙的意愿或能力却没有多少信心。

只信任自己和自己人，有着显著的对立性，会带来不同程度的权力决议，如从拳脚相见到大决战。社会一次又一次地通过一项基本的信任策略来应对这种无法忍受的风险，即建立民事机制，让它们值得信任，并且要求人们遵守。即使是很难信任“外人”或更大民事机制的小团体，在正常情况下，小组内部也存在一些民事机制及个人信任模式。不然的话，他们很难以小组的形式存在下去。

如果旨在维持交易世界秩序的民事机构被无视，那么商业行为就会倾向于只信任自己。恰好，很多案例都与反垄断有关。例如，1946 年发生在几家大型烟草公司之间的一桩阴谋：他们购买自己用不着的烟草，为的是让更小的公司买不到；1984 年，美国电话电报公司（AT&T）由于垄断运营商服务和设备供应而被拆散；此外，微软公司曾因为通过捆绑式销售手段有组织地破坏网景公司（Netscape）而被起诉。这些并不是在反对积极的竞争，而是警示人们，纯粹的权力决议会带来混乱，除非有民事机制来进行干预。

培养信任的特殊技巧

总的来说，信任是带来进步的冲突而非退步的冲突的关键。值得信任的民事机制，以及在可能的情况下带来共识决议和共同愿景的信任，有助于将冲突转变为富有成效甚至创造性的决议。以下是将信任培养成进步的冲突的一些简单规则。

1. 在共同愿景中建立信任

- 在似乎没有强大的共同愿景时，努力建立一个。
- 发生冲突时，使用贡献的语言而非责备的语言。
- 发生冲突时，互相提醒彼此建立的共同愿景，以免它在冲突中丧失。
- 尝试从共同愿景的角度重新构造看似对立的情况，如采用利益型谈判而非立场型谈判。
- 尽量建立深思熟虑的共识决议而不是小集团思维，这会强化共同愿景的感觉，且能培养进一步的共识决议。

2. 在民事机制中建立信任

- 如果冲突无法轻易地通过共识决议得到解决，且经常出现并带来明显的损害，那么就建立民事机制来进行处理。不同的民事机制适用于不同的情况，如领导、投票表决、法官等。
- 创造一开始就没有明显偏向的机制，尽量保持良好的档案记录，二者都有重大的象征意义。
- 使用民事机制，防止权力决议给生活、身体和财产带来严重损害，或导致权利的废除。

3. 概述

- 认识到信任很脆弱，无论是对于共同愿景、民事机制或其他任何事物的信任，都是如此。避免破坏信任的行为，并采取措施以阻止破坏信任的行为发生。
- 记住，信任不仅关乎承诺，还关乎能力。尽量选择那些公平、深思熟虑且高效的共识和民事流程。
- 尝试培养反思性信任而非绝对信任，后者过于脆弱，很容易陷入如李尔王遭遇的信任悲剧。

信任面临的现实挑战

发展型领导者所面对的最大挑战，是处理冲突和信任之间的纠葛。

布朗运动、螺旋下降、小集团思维，合作中的这三种“病症”，前文已经提到过。通过共识来解决冲突，这当然是一个合作的过程，它很容易陷入以上这些风险之中，之后人们就会对这一过程失去信任。但是，小组可以将这些“病症”最小化，比如通过前文中讨论过的一些技巧。其中存在的问题是民事机制中的低效率和考虑不周。委员会可能犹豫不决，律师会利用各种技巧延迟审判，而个人则会在做艰难的决定上一再拖延。精简并微调民事机制可能颇具挑战性。不过，面向变革的努力更可能遭遇惰性，而不是积极抵抗。

事实上，有的冲突是无声的。例如，甲和乙似乎无法协调某项任务中各自的职责范围，但真正的原因是，甲比乙年轻，却在两年前得到了提拔。对于这种情况，我们要透过表面现象找出并安抚不适的根源。虽然这并不容易，但并非遥不可及，除非遇到了“超级恶龙”。

“超级恶龙”对付起来很棘手，而且确实存在很大的风险。比如以下三种“超级恶龙”：失信、腐败和敌意。对于这三种，有时我们能有所作为，有时却无能为力。

失信

信任就像鸡蛋，打破容易修复难。信任一旦遭到严重破坏，修复起来可能要耗时数年，甚至永远都无法得到修复。小到婚姻伴侣，大到国家盟友，都可能会发生信任危机。世界上一些最持久的冲突都源于长期的不信任。如果一方打破仅有的信任，对个人而言，这种记忆可以追溯到几十年前；而对社会而言，这种记忆可以追溯到几个世纪以前。

信任这种易碎难修的特点，揭示了之前提过的绝对信任的危险性。绝对信任在本质上是脆弱的，因为它通过将对方看作天使，自找麻烦。绝对信任令“鸡蛋”更加脆弱。

这么重要且麻烦的“超级恶龙”自然要驯服。一种方法是“奥斯古德提案”（Osgood proposal），它形成于 20 世纪 50 年代，最初被当作一种外交策略，但也适用于各种失信状况的重建。奥斯古德提案揭示了重建信任的三个步骤：

1. **一方宣布采取一些缓和性行为，并付诸实际行动。**在国际冲突中，这可能意味着在一段有限的时间内，无论另一方的行为如何，宣布并保持停火。在职场冲突中，一方可能宣布："我一直对另一方的做法感到担忧。我不确定那么做是否真的有成效，我打算先将它搁置一阵子。"
2. **一方邀请另一方以某种方式共同致力于达成和解。**在国际冲突中，另一方可能会对停火做出回应。在职场冲突中，另一方可能会留出更多的余地对不同的计划进行比较和对照，而不是仅仅推进某项计划。
3. **只有当数次和解的努力失败时，一方才会停止。**即使在这时候，一方也试图简单地采取与另一方一致或对应的消极行为，从而避免报复或口角升级。

奥斯古德提案虽然并无神奇的魔力，但它包含了一种真知灼见：如果任何一方都不努力，那么信任是无法重建的。这既是该提案的强大之处，也是它的弱点。之所以是弱点，是因为往往没有任何一方觉得自己能在政治或情感上展现出和解的姿态，并在遭到三番两次的回绝时还要一直保持下去。

腐败

曾经有一名同事跟我说过，他在以前就职的一家大公司遭遇了极为尴尬的困境，暂且称之为"莫德雷德公司"（Mordred Enterprises）吧。一个原因是莫德雷德背叛了亚瑟王；另一个原因是它可以缩写为 ME，也就是"我"的意思。这家公司的最高管理层都只关心自己。他们组成了一个充满裙带关系的"老朋友"关系网。下层管理一般处理事情都很公正，对高层时而下达的古怪命令尽可能地做到最好。这些"老朋友"不是坏人，他们也没有做严重违法的事情，但当有关公司的行动方针出现冲突时，他们提供的民事机制常常充满腐败，因为这是根据他们自己的利益而非公司的真正利益制定的。

总的来说，民事过程的腐败是一种严重退步的互动原型，这会导致带有主观偏见的知识处理以及消极的象征性行为，而这能够轻易地破坏组织或群体的团结。基本上，它是一种寄生状态。置身其中的人享受着由他们的地位带来的利益，而这是以集体及其成员的福祉为代价的，实质上并不该由他们来享受。

那么，该怎么办呢？至少在腐败不严重的情况下，我们可以从“治疗”的角度来看待。如果我们能让他们开悟就好了，帮助他们认识到自己造成的损害及自己的错误，并改过自新。

那需要多少“治疗师”呢？经典的答案是：只要一位。但这个问题必须是真的需要被解决掉的。腐败的根本问题在于，人们并不想改变自己：为什么要改变呢？自己过得挺好的。

与“治疗”相比，“手术”的方法希望更大一些：做一点剪剪贴贴的工作，重新组织结构。这通常意味着要解雇某人，调走某人，批评某人，对某些小组进行重组，重新定义某些流程，公开之前一些隐藏的操作，以免其被滥用，诸如此类。

腐败之所以能成为“超级恶龙”，原因在于这些策略固有的局限。虽然效率问题或缺乏思考的问题可以从内部解决，有时也确实如此，但腐败问题几乎没有这种可能性。要解决腐败问题，需要组织内外更高的权力基础，如法律干预。援引这样的权力基础经常需要一些“吹哨人”，他们属于下级，且未参与腐败。但这种行为有风险，经常会引火烧身，而且常常没有可以求助的权力基础。再想一想莫德雷德公司：最高层的人没有做特别违法之事，他们的决策不过是不符合公司的最大利益而已。下层的管理人员其实都意识到了这个问题，但他们能求助于谁呢？

敌意

敌意比冷酷无情更糟糕。敌意不只是将自己的利益放在第一位，还会损害其他人或其他小组的积极愿望。敌意往往是在信任遭到反复破坏的情况下产生的。

当今世界上那些根深蒂固的民族冲突和历史冲突，都源于极大的敌意。问题不是两边的人希望从现在起握手言和，而是他们中的很多人感到自己被对方伤害得太久了，因此想伤害对方。

敌意是一种严重退步的互动原型。在最极端的形式中，敌意会变得极度可怕：人们渴望伤害别人，哪怕会因此伤害到自己。

群体和组织中的敌意很少采取如此恶毒的形式，但它仍然会无可避免地发生。个人或小组之间互相不喜欢，经常是因为自觉被冒犯到，有时候则仅仅因为风格不同或出于竞争。他们互相讨厌的程度一旦足够严重，就会想要伤害对方，于是他们会采取行动，制造微妙或明显的冲突。他们开始散播关于对方的谣言，反对对方的计划，唯一的目的就是阻挠对方，并通过控制关键资源来破坏对方的倡议等。这种互相伤害的内斗不仅会给自身带来损害，还会毒害小组。

那么，该怎么办呢？如果腐败不严重，可以采取“治疗”的方法，试着劝说敌对各方本着开明的态度，相互容忍，当然，如果能达成友好的关系就更好了。但同样，冲突双方并不是单纯地想要实现公正的和平，在他们眼里，对双方都公正的和平并不存在。他们不想让一切都过去，而是想互相攻击。此时，“手术”的方法在短期内会带来更多的希望，无论从长期来看会取得何种效果。“手术”的方法可以使局面重组，防止伤害的产生，但无益于平息敌意。这可能意味着在公共场合要采取文明行为，决不容忍任何一方采取伤害对方的行为，否则其将会受到惩罚。通常“手术”的方法只是想将冲突双方隔开，以降低冲突产生的机会。例如，让他们做不同的事情，与不同的人会面等。

这样的策略有助于对付“恶龙”，但还有一些因素能让“恶龙”成为“超级恶龙”。首先，这些策略更多的是抑制冲突而非解决冲突。冲突仍然存在，随时会爆发。其次，此时此刻的冲突并不是真正的冲突，或许只是冰山一角。例如，伊萨克认为约瑟夫的计划代价太大并提出反对，而事实上是伊萨克想给约瑟夫使绊子。再比如，A 国支持 B 国对 C 国实行贸易制裁，但 A 国实际上并没有真正的利益牵涉其中，它这么做只是因为与 C 国长期处于敌对状态。正所谓：敌人的敌人就是朋友。

预防措施

失信、腐败和敌意等“超级恶龙”一旦羽翼丰满，就会有顽强的生命力，变得比它们开始时强大许多。如果幻想有一种组织智能或其他任何体系能建立一种保障信任、防止腐败、没有敌意的环境，那就太幼稚了。因为是人类的本质特征孕育了这些“恶龙”。不过，人们当然也可以创造出压制它们的环境，并在它们出现时打压它们。

阻止和限制失信、腐败和敌意的两个基本原则是：①让它们在实际行动中变得困难且有风险；②让它们不为主流文化所接受。

运用法律，包括组织内部有法律性质的制度，是一种经典的手段，可以让失信、腐败和敌意在实际行动中变得困难并具有风险。例如，合同中阐明了各方的意向和职责，并能得到法律的强制执行。在理想情况下，各方之间的基本关系会发展得好于文件上所写，也会促进人与人之间的信任，此时，文件将起到备用系统的作用，以保证大家的期望清晰化，并防止公然的违约行为。

当然，只有当值得信任的法律本身能够公平且高效地运作时，这个方法才能起作用。除了法律和政策，锁和监视器等物理设施，以及系统的记账和审计等技术方式，都极其重要。开放讨论的标准流程及公开而非秘密的信息等事物，也能发挥作用，这些设施和做法会让腐败及有害行为更加难以执行。

至于文化方面，让失信、腐败和敌意不为主流文化所接受，并被认定为不良的、令人嗤之以鼻的行为，将会成为一股强大的约束力量，但不是一种想当然的力量。在很多环境中，这三者都是预料之中的甚至是可以接受的。在福山所提到的低信任社会中，失信很常见。在一些环境中，腐败被认为是理所当然的事，是一种生活方式，甚至有其自身的粗略规则，不参与其中的人被认为很幼稚。而在有些文化中，敌意盛行。人们期望你有强烈且极端的观点，期望你憎恨自己的对手，期望你对假定的错误进行个人报复。人们对宽容本身决不宽容。

在商界，安然公司再次展示了文化误入歧途的一个好例子。安然公司的领导层力求在公司中"塞满"年轻、大胆进取的管理人员，并依据他们完成的业务量尽快提拔他们，管理人员并不关注业务从长期来看合理与否，并对打法律擦边球的行为采取纵容态度。这样的制度无疑会造成一种竞争激烈且自私的文化，人们既不特别信任别人，也不值得别人信任。

让我们再回到共同愿景中的信任这一主题上来。让一种文化对失信、腐败和敌意免疫，最简单的方法之一是建立共同愿景。共同愿景会让这三者看起来都很渺小，因为它们逐渐破坏了共同愿景。

当然，特定群体内的共同愿景有时产生于群体之外的共同敌人。希特勒对此再清楚不过了，他确实是不折不扣的“超级恶龙”。

工具箱

- 太多的信任和太少的冲突都会对组织智能构成威胁。警惕幼稚的信任和自我感觉良好的和平。争取建立反思性信任和创造性冲突。
- 留意几种原型。如绝对信任的悲剧，即将他人视作天使或恶魔；通过共识、民事机制和权力来解决冲突的模式。
- 不要信任你的信任。警惕将他人天使化或妖魔化的做法。防止他人也这么做，并培养反思性信任。
- 记住皮格马利翁效应。稍微多一点信任，但不能太过。
- 共识决议和共同愿景中的信任是一对搭档。
- 民事决议和民事机制中的信任是一对搭档。
- 培养共识决议和民事决议来解决冲突。如果处理得当，任意一种都可能使得冲突变得进步而非退步。
- 因时制宜。共识听起来很有吸引力，但它并不总是可行或是最佳选择。很多冲突更适合通过民事决议来解决。
- 避免用权力决议来解决冲突。它们具有非常消极的知识处理和象征性行为。
- 警惕失信、腐败和敌意。努力让它们在实际生活中变得举步维艰并为他人所不齿。
- 修复破碎的信任。可以通过系统性的和解行为来实现，正如奥斯古德提案中所提到的。

KING ARTHUR'S ROUND TABLE

第 8 章

组织智能的全景面貌

蚂蚁的智慧

前面展开讨论了割草机悖论，群体和组织的本质是对话，进步的原型和退步的原型如何控制对话及在决策、反馈和领导力等方面的表现，此外还有统一思想困难的原因等。但组织智能的全景仍未拼凑出来，不过在进一步开始之前，我想先聊一聊蚂蚁。

单只蚂蚁虽并不笨拙，但也好不到哪儿去。蚂蚁有着灵巧的复眼和下颚，而在这背后，是并不擅长独立思考的微型大脑。将一只蚂蚁单独放在某个地方，它除了漫无目的地到处爬，基本上就不会做其他事了。

但当许多蚂蚁聚集在一起的时候，情况就不一样了。它们会展现出真正的智慧。它们可以建造复杂的巢穴，搜寻并远距离运输食物，保护待孵的卵，在蚁穴的通道中培植菌类……其他群居昆虫，像白蚁和蜜蜂，也会做类似的事情，都具有集体智慧。蚂蚁并不像特别有温情和爱心的生物，但它们拥有自己特有的团结精神。

有关蚂蚁的团结精神的线索，来自一个令人兴奋的研究领域。该领域研究的是复杂系统，即相对简单的单位遵循相对简单的规则，如何产生复杂且有效的集体行为。此类研究的佼佼者之一，是认知科学家兼教育学家米切尔·雷斯尼克（Mitchel Resnick）①。他曾强调，儿童和成年人都要警惕“中心化思维模式”。

那么蚂蚁是如何完成任务的呢？很多人都有一种中心化理论，倾向于认为，蚁后有某种“蚂蚁版”计划评审技术（Program Evaluation and Review Technique，简称 PERT）图表和项目计划软件，可以用来编制执勤蚂蚁名单以及工作时间表。很难说蚁后是如何圆满完成任务的，因为它们并不比普通大众更有天赋。“蚁后－蚂蚁理论”反映了一种自然的假设，即复杂的行为涉及一位单独的指导代理人，即回答中心型领导者。但实际上，蚂蚁并不需要。

在一项演示中，雷斯尼克展示了简单的规则如何导致复杂的觅食行为：计算机屏幕中央有一模拟的蚂蚁种群；两三堆食物散落在各处；蚂蚁们只是简单地到处爬。其中一只蚂蚁发现了食物，爬回巢中。很快，一群蚂蚁“搬运工”就将食物搬回巢中，通常它们都是从最近的地点开始。然后，蚂蚁发现并搬走了剩余的食物。

这就是一群虚拟蚂蚁的超高智商行为的演示。然而，这一切是通过一系

---

① 米切尔·雷斯尼克是创新教育领域的开拓者，“少儿编程之父”，乐高教育全球董事。他在《终身幼儿园》这本重磅之作中，介绍了独具创新的 4P 学习法，为重塑教育提供了重要启示。本书中文简体字版已由湛庐策划、浙江教育出版社于 2018 年出版。——编者注

列简单规则的互动实现的，并没有任何领导。以下是实现整个过程的几条有效的规则：

- **规则 1：** 如果发现一大堆食物，就将它带回巢穴，并且留下气味踪迹（会逐渐蒸发并消失）。
- **规则 2：** 如果发现一条气味踪迹，就朝着气味越来越弱的方向走，而不是越来越强的方向。
- **规则 3：** 如果没有发现上述情况，那么就四处寻找。

这些规则是如何引发错综复杂且又具有高度适应性的结果的呢？当没事可做的时候，蚂蚁会四处爬行（规则 3），直到有蚂蚁发现食物。这只蚂蚁会回到巢穴，并留下气味踪迹（规则 1）。当其他蚂蚁发现它留下的踪迹时，会追随气味逐渐减弱的方向，向着这条踪迹源头的方向行进（规则 2），最后抵达食物所在地。这一发现会促使它们回到巢穴，进一步强化气味踪迹（规则 1）。过了一会儿，气味踪迹吸引了越来越多的蚂蚁，“蚁多力量大”，食物很快就会不见。

自然而然地，蚂蚁还会跟随气味踪迹抵达食物所在地。但既然找不到食物，且已经跟随了气味踪迹，那么规则 1 和规则 2 就不再适用了。它们会再次遵循规则 3，继续四处寻找。而后，另一只蚂蚁如果找到了另一处食物，上述过程就又重新开始了。

没人说规则 1 ～ 3 就是蚂蚁真正使用的规则。重要的是这种观点，即互动单元共享的简单规则，也可以产生惊人的高度适应性行为，即使这些单元本身很蠢。研究复杂系统的学者将这种行为称为“涌现”（emergent），因为小范围内的规则并不能直接反映大规模的行为。它们更多的是通过单元互动的方式，间接地引发这些行为。

亚瑟王可能会为蚂蚁感到骄傲。它们始终都是“圆桌动物”。这些蚂蚁一起成就了它们的集体行为。事实上，单只蚂蚁很少做出典型的蚂蚁行为。

组织智能的圆桌模式

我们不是蚂蚁。我们有领导，即使领导不发号施令，也能施加强大的影响。作为个体，我们的行为方式比最大的蚂蚁种群至少多体现出 50% 的智慧。那么，蚂蚁的合作与人类的组织智能有什么联系呢？

实际上，蚂蚁之间的合作相当好，即使蚂蚁之间的交流很少，且只留下气味踪迹及触碰触角等。蚂蚁形成大规模、高智能单元的方式也许能启发我们更深刻地思考人类的组织智能。

那么，人类用来保持协调的“气味”和“触角”又是什么呢？前面的章节曾介绍了互动原型，虚拟的神经元将人类思想聚集到一起，并有效地组织企业等。人类层面上的互动与蚂蚁层面上的气味踪迹和触碰触角并没有太大的差别。与我们大脑中内部的线路相比，蚂蚁的气味踪迹和触碰触角并没有多少内涵，甚至与它们的微型大脑没有关系。但尽管如此，气味踪迹和触碰触角足以产生涌现的大规模蚂蚁行为，对单只蚂蚁而言，那是相当智慧的。也许，进步的互动原型能够产生的人类涌现的集体行为，同样相当智慧。

回想一下前面提到的关于组织智能“是什么—为什么—怎么样”的问题：“组织智能是什么？它为什么难以获得？我们怎么样才能获得更多组织智能？”对于第一个问题，有一个答案。本书的观点可以用一句话来概括：

人类的组织智能，是进步的互动原型与退步的互动原型在一个完善的交流构架中涌现的结果。

也就是说，集体中的认知是离散的，通过不同的方式分配并结合。这表明，当人们选择进步的方式进行互动时，集体中会涌现更多智慧的群体行为。而且不仅仅是某一特定的对话会变得更加智慧，更大规模、更长期的结果也可能更加智慧。

当然，这个观点还不止于此。接下来，整个理论将以简明的清单形式列出，并基于前面观点，完整地回答“是什么—为什么—怎么样”的问题。这一清单就是“组织智能的圆桌模式”，总共有 11 条：

1. **组织即对话。**组织和群体是由对话构成的。集体智能的高低取决于个人贡献与不同层面的多种类型互动的结合。
2. **互动的热点。**具有重要意义的互动与常见热点有关，如反馈、团队决策、领导力、合作与冲突等。
3. **知识处理。**团队的智能取决于团队的知识处理水平：做决策时是否灵活地探索了多种选择，计划是否预测到了缺陷等。
4. **象征性行为。**团队的智能也反映了团队中的象征性行为：人们从他人的行为中解读出的有关目的和期望的隐含意义，以及导致人们团结或疏离的信息。
5. **互动原型。**反馈、领导力、谈判以及其他互动相对简单的模式一再出现，且带有不同的知识处理和象征性行为的特征。这些就是互动原型。我们可以从中学习，并不断创造它们。因为它们是常识，是一种回应的方式，也是一种基本的互动。
6. **进步和退步。**高效的互动原型往往都是进步的。通过良好的知识处理和积极的象征性行为，它们能创造团队凝聚力和奉献精神，并促进合理的集体思考和学习。低效的原型是退步的。其知识处理水平低下或有消极的象征性行为，或二者皆有，从而破坏团队的思考和学习。

7. **物以类聚。**进步的互动原型和退步的互动原型都会刺激各自的类型，较为稳定地制造出或高或低的组织智能，一部分是处理热点的典型方式，还有一部分是团队文化。

8. **退步胜过进步。**退步的原型相对更简单且更以自我为中心，常常能在团队中得到更好的传播，尤其是在有压力的情况下。所以在团队中，低层次的组织智能比高层次的组织智能更加稳定，即恐龙悖论。

9. **交流构架。**在群体或组织中，谁对谁以何种角色进行多少交流，就是交流构架。它不仅反映了长期的正式结构，还反映了非正式小组、临时团队、委员会及有意识地合作以完成任务的团体和社交网络等，既包括面对面的交流，也包括在线交流。它决定了互动发生的时间，但不能决定互动是进步的还是退步的。

10. **涌现的智能。**群体或组织的总体智能，反映了在一个完善的交流构架中，进步的互动原型与退步的互动原型的平衡关系。

11. **力所能及的进步。**尽管存在退步的原型的威胁，很多小组、团队、组织和群体依然能在很大程度上维持进步的文化。在发展型领导者的带领下，集体对进步的原型的适应能力越来越强，进步的原型会因此得以不断加强，即使在专制困境中，即当退步的模式十分顽固的时候。围绕组织的热点，如果有奉献精神、努力和警觉性，那么就可以使进步的原型维持下去。

展开谈谈最后一条。对于“是什么—为什么—怎么样”这个问题中的“怎么样”，即“我们怎么样才能更多地获得组织智能？”的部分，组织智能的圆桌模型给出了很多答案。我们经常希望得到更多的组织智能，虽然并不总是这么想。如果我们想要更多的组织智能，该理论建议，要研究群体或组织内部的对话网络，聚焦于基本的、反复出现的互动模式，也就是互动原型，无论好坏。该理论建议人们从两方面来研究：一是高效的知识处理，能让人完成思考；二是积极的象征性行为，能维持团队的凝聚力和奉献精神。该理论强烈建议，在集体中发展一种丰富但不会造成负担的交流构架，以便产生所需的互动；同时要记得，人与人之间仅仅保持联系，并不意味着这些互动就是进步的。

进步的互动原型常常比退步的互动原型更加复杂，但复杂程度也很有限。因此，进步的原型可以通过常见的技巧来培养：分享策略、竞争、模式化和训练等，尤其是通过发展型领导者的影响来实现。然而，由于“物以类聚”，一个人可能不仅要面对技术挑战，还要处理个人和文化惯性以及文化改变，如在会议室、餐厅、小组内部、大型陈述、走廊对话、往来电子邮件，以及其他很多构成组织或群体的互动环境。另外，由于进步的原型相对不稳定，因此它们需要领导者和参与者不断地主动投入、努力以及保持警觉。当然，组织智能的主要计划也只不过是一项内容广泛的议程。因此，当我们研究特定关系时，研究特定的互动热点时，如集体决策、反馈和领导力，以及研究与之相关的进步的互动原型和退步的互动原型时，才具有实际意义。所以，我们应以理论本身为中心。不过，同时还要牢记：任何理论都需要论证。

组织由知识流构成

从小的方面来说，今天的天气如何是一件微不足道的事。用仪器检测一立方厘米的空气，你就会发现，在特定气压下，空气会向着特定的方向、以特定的速度移动，而且你还能知道空气精确的湿度。在一立方厘米的空气中，这差不多是所有值得描述的“天气”了。此外，这一个立方厘米的空气与相邻的各个立方厘米的空气以非常简单的方式进行“互动”，科学家可以很容易地为这种方式建模。

然而，这些局部的简单“互动”却能形成大范围的天气形态，包括积云和晴天，云霓和雷暴，今天的小雨和明天的大雨，等等。当小范围内的大气单位以相对简单的方式进行“互动”时，会导致复杂的大范围效果。科学家对复杂系统理论提及的涌现产生了兴趣，就像对蚂蚁行为中的涌现一样。无论是单只蚂蚁，还是单位立方厘米的空气，其理论都是相同的。

组织和群体也有如天气一样的“晴天”和“雨天”。我们可以将集体的“天气”看成是不同层面上由许多互动涌现的结果。与真正的天气一样，集体的“天气”不只是所有起作用的互动的简单叠加。不过，虽然人类不是基本单元，其互动也不是最基本的，但涌现的理论仍然相同。

为了说明人与人之间小规模的互动如何产生大规模的效果，让我们先来想象一下一份报纸是如何生产出来的。没有哪个人撰写报纸上的所有文章，没有哪个人设计所有的版面，没有哪个人启动所有的印刷机并确保它们都能正常运行，当然也没有哪个人派发所有的报纸。这个过程中会涉及很多经理、首席执行官，但没有“蚁后”发号施令。不同的人以协作的方式发挥着不同的作用。这种体系条理清晰、信息流畅且经过深思熟虑。

当然，生产报纸基本上是经过精心改良的例行程序。但当出现挑战，需要做出抉择时，报纸公司会发生什么？圆桌模型告诉我们，如果进步的原型占据主导地位，能保证顺利的交流、良好的协调及持续的奉献精神（流程智慧和人员智慧），那么整体结果很可能会很智慧，这家报纸会蒸蒸日上。但如果退步的原型占据主导地位，并带来困惑、愚钝以及疏离（流程低效和人员低效），那么整体结果很可能会很糟，这家报纸的销量可能会一落千丈，或者被更懂行的竞争者收购。

前面的天气比喻能帮助我们论证有关组织智能是涌现出来的概念，因为它帮助我们认识到涌现是如何产生的。组织的“天气”大部分是“知识天气”，由知识流组成，而不是不同温度和湿度下的风的流动。为了更全面地观察及更好地理解小规模的互动如何产生大规模的效果，对以下内容进行研究很有必要，即群体和组织中的知识流的 5 个方面：

1. **产生知识。**通过研究、实验、引进，或者引进拥有这些知识的人。
2. **交流知识。**通过合作、辅导、正式培训、手册和各种媒体等。
3. **整合知识。**通过不同的知识来源形成特定的决定、解决方案、计划或愿景。
4. **实践知识。**实践计划、实现愿景及执行决定。
5. **硬知识和软知识。**又分别被称作显性知识和隐性知识，弄清楚它们是如何影响知识的产生、交流、整合和实践的。

产生知识

组织和群体需要未知的知识。产生知识意味着要做很多事情，如调研、做实验及进行非正式尝试等。它还意味着引进知识，如通过订阅核心期刊，进行专业咨询，或雇用拥有专业知识的全职人员。

知识的产生与其他类型的互动一样，会以进步的方式或退步的方式展开。进步的实践包括创新和批判精神，探索新观点、新信息，并通过证据和批判性分析进行筛选和利用。退步的实践则会阻碍冒险性探索和批判性检查。

交流知识

无论产生的知识多么丰富，如果不流向其能得到充分利用的地方，那么这些知识几乎什么作用都发挥不了。知识通过交流得以传播，如从闲谈到正式报告，从一周小提示到详尽阐述的政策，从现场演示到在线手册。在可能的情况下，它们能为对话创造空间，使得错误得到纠正，问题得到解决。但是，我们不能总是指望这种交流会随时发生。

整合知识

当知识流向需要它的地方，如行政团队或设计团队的头脑中时，问题仍然存在：接下来会发生什么？知识的整合会在解决问题、做出决策和制订计划等过程中发生。当我们计划一项业务时，可能会依赖关于预算、可用人员、专利保护、潜在市场、可用材料等方面的知识。当我们在政治活动中进行计划时，这些因素中的一部分仍然存在，同时会出现新的因素，如政治平台、民调趋势、竞选进程等。所有的这一切都是知识的整合，它能建造通往未来的想象之路，评估其利弊，修改并选择最后的可行方案。

正如产生知识和交流知识一样，整合知识也会展示出进步的原型的特征，如充分探索可能性，从所有利益相关方那里收集信息和见解；也可能展示出退步的原型的特征，如由一名与其他利益相关方脱离联系的权威人物进行单方面的思考和决策。

实践知识

有了解决方案或计划，行动的舞台就搭建好了。但行动是否会进行下去呢？这一步看起来很明了，但后续能否跟进是集体及个人的主要问题。这其中存在一种复杂且充满挑战的现象，我称之为“理论—行动差距”。组织学者杰弗瑞・菲佛（Jeffrey Pfeffer）[1]和罗伯特・萨顿（Robert Sutton）则称之为“知行差距”。

保持足够长时间的动力来测试一个新方向，是一种进步的模式。然而，很多退步的模式会挫败知识的实践。有多少新政策的落空是由于人们的不理不睬或只是象征性地关注？有多少新倡议在守旧的模式下夭折？又有多少互相关联的新策略，在实践开明的领导或举行会议时，由于迫在眉睫的压力而消失？

拉里・博西迪（Larry Bossidy）和拉姆・查兰（Ram Charan）在《执行》（*Execution*）一书中强调，对一个组织而言，可靠而出色地完成事情的文化非常重要。戴尔计算机公司便是一个很好的例子。这两位作者强调，戴尔公司在计算机市场上的成功不仅取决于独特的客户直销模式。只有在顾客下单之后，戴尔公司才开始组装计算机，当然也包括零部件的订购，所以戴尔公司避免了维护存货的成本以及市场低迷时期的存货滞销。下单、组装和配送的流程经过了很好的调整，每个步骤都得以高效地运作，因此顾客通常在一周之内就可以收到计算机。虽然戴尔公司处理的是有形设备，但它高度依赖高效的知识处理：接单、产品组装追踪和配送等。这是一个高度精确的执行过程。

急功近利地将知识转化成行动是靠不住的。博西迪和查兰提出，很多组织的领导可能很明智，但组织内部缺乏一种将事情完成的文化。这样的文化包括认清现实、明确的目标和优先事项、后续跟进、奖励机制以及其他元素等。

---

① 杰弗瑞・菲佛是斯坦福大学著名的组织行为学教授，在全世界二三十个国家开办过培训课程，著作颇丰，《权力：为什么只为某些人所拥有》一书即是其集 30 多年经验之大成。本书中文简体字版已由湛庐策划、浙江人民出版社于 2015 年出版。——编者注

硬知识和软知识

硬知识，有些学者称之为显性知识。这种知识可以发布在政策中，印在手册上，写成实践指南，总结在传单里，列在清单上，或记录在报告中等。它们可以通过合理而精确的表达来呈现。当代对于知识管理的关注，始于硬知识的组织及系统化分享，尤其在技术支持领域。

软知识，有些学者称之为隐性知识。形象地来说，就是在办公室待了好多年的那些人骨子里知道的东西。它是人发展出来的一种判断力：知道哪些可行，而哪些不可行；也是不成文也难以成文的一种规则；同时也是人对组织中的事情如何发生的“感觉”，以及人们在喝咖啡的时候所谈论的如何做事的故事。在过去的几年里，由于对知识管理的关注越来越多，从业人员认识到，软知识是组织知识资本的重要组成部分，并开始试图将它们显现出来并进行分享。同样，这常常是利用技术来捕获故事和智慧，或者让新人在面对问题时，能够与有相关经验的人进行接触。

美国国防部曾意识到，5 年内将有 50% 以上的现役中高层领导退休。为了应对这一状况，他们开展了“Exodus 计划”，即针对隐性知识的转移与共享计划，否则随中高层领导一起“退休”的，还有他们几十年的经验和智慧。“Exodus 计划”是由科学应用国际公司（SAIC）与美国国防部变革管理中心联合执行的。他们收集、整理这些知识，并使得其中一部分可供查阅。通过系统性的采访，被采访人员袒露了他们在过去掌握到的实践经验。对他人而言，这些都是很有用的知识宝藏。

“Exodus 计划”靠的是知识捕获，而英国石油公司的“虚拟合作项目”（Virtual Teamwork Program）则帮助人们建立联系，远程解决问题。他们的技术包括视频会议、视频采集、共享电子书写板等。这个项目在节省时间和资金方面取得了惊人的效果。举例来说，一名在阿伯丁工作的专家通过卫星连线视频解决了北海一艘石油钻井船上的设备故障，从而免除了船只返港或专家飞往现场所带来的高昂成本。

产生知识、交流知识、整合知识和实践知识中的“天气”，适用于硬知识、软知识及二者的混合，但方式并不完全相同。硬知识可以通过调查产生，而软知识更多的是通过经验产生。人们常常通过详细说明来交流硬知识，而交流软知识一般是通过演示，如“听我说，要这么做”，或针对特定情况提出建议，如“如果你那么做，那么结果将会是这样”。实践硬知识，就像是考虑事实或遵循规则，而实践软知识更像是跟随直觉或抓住一时的机会。

大多数情况下，象征性行为体现的是软知识的特征。象征性行为表现出来的奉献精神、谨慎、理想或纵容，由本能反应产生，通过话语和行为得以隐性地交流，在决策和计划的过程中得到整合，常常还会变成某种行动，且不涉及过多的思考。

与硬知识相比，象征性行为所传递的信息在塑造群体方面更具决定性。在《变革大师》一书中，罗莎贝斯·莫斯·坎特写到，为了应对一系列竞争的挑战，在召集员工参与任务时，“我们想让所有人都有参与感”和“我们需要充分利用所有雇员的智慧”，会产生完全不同的意义。前者带有屈尊俯就的意味，而后者则是真实需求。坎特后来评论道，象征性行为实际上可能并没有那么大的影响力。比如某公司的总经理就调整了自己的时间表，为的是参与员工的一系列问题解决小组的每场会议。重要性不在于这位总经理在会议上提出了多少建议，而在于他能抽出时间参与会议。

前面的讨论相当于论证了一个观点，即组织和群体中的组织智能反映了其“知识天气”，在错综复杂的正反向流动中，硬知识和软知识得以产生、交流、整合，并得到实践。集体成员的智慧行为并不是单纯地存在于某一件事中，因为有太多的事情发生，实际上，它更多的是大量知识交汇所带来的涌现的结果，这些知识交汇构成了集体生活的分分秒秒。

对知识流的论证

“知识天气”说起来很顺口，它的各个方面分析起来也很清晰。但该如何一点一点地来论证呢？哪些论点可以予以支持呢？下面是几个论点。

论点 1：它还能从哪里来

如果组织智能要令人信服，它肯定与参与的个人和小组有关。如果没有共同努力将大家联系起来，那么就只有一群人各干各的，或者更糟糕的是，相互争执。这就又回到了前面提到的“组织是由对话组成的”观点。

论点 2：智能的定义

前面的章节提到，智能的一个定义是说，当你不知道要做什么的时候，知道该做什么。进步的互动原型提供了丰富的联系度，使得集体在面对不知道要做什么的情况时，很有可能从成员那里找到出路；或者，成员可能会以开辟前路的方式进行互动。

智能的另一个定义更为细致，说的是在回应或探寻新事物时，进行复杂的、适应性知识处理的某种整体能力和倾向。智能的这一特征联结了两个更简单的概念：“探寻新事物”和“倾向”。智能的这种倾向性是进步的原型偏爱的，从定义上讲，它能促进良好的知识处理，并能表达出价值观和奉献精神，这对通过积极的象征性行为进行集体思考很重要。

论点 3：退步的原型

不要去想进步的原型如何促进组织智能，想想退步的原型是如何造成损害的。人与人之间的知识处理可能会产生交流错误、反复的争论、信息消散、抵触他人的决定等。消极的象征性行为产生的疏离和敌对，可能会导致人们在短期内不愿合作，拉帮结派，长此以往则可能会毁了整支团队。这样的结构很难以智慧的方式发挥作用。

论点 4：文献的支持

组织智能，并不是一种新观点。1967 年，哈罗德·威伦斯基（Harold Wilensky）在《组织智能》（*Organizational Intelligence*）一书中提出的一个观点曾引发了不同阶层持续的讨论，因为当时已有多位作者给出了各自关于小组、团队、组织和群体以及组织智能如何发挥作用的观点。在这些观点中，有很多适用于本书中的模型，因为这些观点认为，在组织内部通过合作性的对话来进行高效的知识处理很关键。

例如，威伦斯基将组织智能定义为“收集、处理、解读及交流决策过程所需信息的问题”。斯蒂芬·黑克尔（Stephan H. Haeckel）和理查德·诺兰（Richard L. Nolan）在《哈佛商业评论》的文章中，提到了获取知识和信息的能力（连接）、整合和分享信息的能力（分享）、以及从数据中提炼信息的能力（结构化）。1988 年，周春伟（Chun Wei Choo，音译）在《智能组织的信息管理》（*Information Management for the Intelligent Organization*）一书中表示，智能组织能熟练地创造、获取、组织及分享知识，并能熟练地运用这些知识来规划行为。需要注意的是，周春伟的分类与本书中的知识流的特点很接近。1996 年，詹姆斯·马奇（James March）在《寻求组织智能》（*The Pursuit of Organizational Intelligence*）一书中，通过决策过程对这一主题进行了分析。马奇聚焦于小组处理信息、制订计划和目标、解读环境、做出判断并生成策略，以及观察经验和从经验中学习等能力。他将组织智能定义为：表现良好并能做出良好的决定来保证组织生存的能力。

迈克尔·麦克马斯特（Michael McMaster）在《智能优势》（*The Intelligence Advantage*）一书中提出，商业是一种认知活动。如果我们能理解公司的智慧分布模型，就能设计结构和实践工作，以产生符合期望的最大限度的“涌现”。从信息处理的视角，麦克马斯特指出了组织智能的很多重要特征，其中很多涉及人与人之间、单位与单位之间高效的交流与协作，例如：

- 社会语言和主体创造了一种自然趋势，以人与人之间的关系和交流作为结盟和共同责任的基础。
- 人与人之间的联系：创新和适应的源泉。
- 储存、形成和获取一段完整信息所需要的每种元素内外部联系的数量以及元素组合。
- 结构内部自由交流，但要求积累其他自由交流，从而使得行动产生意义或关联。

以上这些作者对组织智能有着各自的理念，毫无疑问，他们会反对本书中很多特定的模型。毕竟，圆桌模型有自己独特的面貌和特征，包括圆桌互动的概念，以及主张组织智能产生于进步的原型优势。总的来说，这些观点并没有在一般理论意义上给予这些原型模式以特别的支持，因为这些理论一直在强调不同时期人与人之间发生的有效的知识处理。

对圆桌模型的反驳

的确，有相当多的因素支持圆桌模型，但自然也存在反对的声音。下面是 4 种相当直接的备选项，值得听取和反驳。认识到它们各自的缺点，有助于阐明圆桌模型理论。

备选项 1：聪明人

对于圆桌模型的论断，最简单的反对回应可能是："真正能让一支团队聪明的，是团队拥有很多聪明人。"这个回答听上去很有道理。当然，聪明的参与者通过为组织提供更多可利用的资源，能增加组织智能的潜力。这种观点不乏热切的支持者。马尔科姆・格拉德威尔（Malcolm Gladwell）在《纽约客》杂志中谈到，管理咨询公司麦肯锡公司推崇的是对才智的狂热追捧。该公司建议，要在组织中"塞满"最优秀、最聪明的人才。利用这种方式的一个不怎么体面的例子，就是安然公司。他们不断吸收新的、成就瞩目的 MBA 人才，鼓励内部创业精神和激烈的竞争，并快速提拔看起来表现突出的人。格拉德威尔曾表示，提拔速度如此之快，几乎没有客观的指标来反映员工真正的表现。

我们已知道安然公司后来发生的事情。快节奏和松散的文化毁了它。组织智能的"聪明人"理论可能很简单，但最简单的想法也意味着头脑最简单，这就好比说，让一台计算机变得强大的关键是很多运行速度快的元件。拥有高速运行元件的计算机可能会很强大，但必须通过正确的配置来运行。同样，聪明的参与者未必能让集体变得更聪明。很多群体和组织都拥有很多聪明的参与者，但整个群体的行为却十分愚钝：有时是由于内部沟通不畅，就像左手不知道右手在做什么；有时是由于处事原则不同，导致无法进行很好的合作；有时是由于人与人之间的竞争阻碍了有成效的合作；有时则是由于聪明人所见略同，大家无法超越自己的思维框架。“聪明的参与者与愚钝的组织行为”悖论，促进了组织智能这一理论框架的发展。

备选项 2：聪明的领导

比“聪明人”理论听起来更合理的一个理论，不泛指群体中所有参与者，而是关注不同层面上聪明的领导，即“真正使一支团队聪明的，是团队拥有聪明的领导。”

该问题的核心在于“聪明”两个字。亚瑟王曾说过：“我们想要的不只是富有智慧的领导力，而是能带来智慧的领导力。”回想一下前面章节讨论过的领导力原型，回答中心型领导可能足够聪明，也足够有经验，能为团队进行大部分重要的思考。但这样就能带领团队走向成功吗？在合适的条件下，当然能。但这样有助于建立一个富有智慧的组织吗？当然不能。愿景中心型领导同样如此，这样的领导用广阔的愿景为集体行动构建框架，激励集体活动。而不予干涉型领导则退居幕后，进行观望和选择。

询问中心型领导能通过各种策略推动团队的思考，但即便如此，可能也还不够。有时候，由于团队中长期存在退步的文化规则，新来的领导者无论多么激进，他也可能无法改变现状。相反，领导者激进的做法可能会被视为赶时髦，而领导者的角色也可能不会长久存在。

而且，询问中心型领导者也不一定总有必要存在。团队可能缺乏出色的领导者，但它发挥作用的方式可以很智能，因为团队有着进步的文化规则。所以说，询问中心型领导虽然是一个促进因素，但从长远来说，它远不是全部。

备选项 3：聪明的结构

另一种反对圆桌模型的意见是关于组织智能的结构理论，该理论声称，团队是否智能取决于组织内部的结构。结构理论可能会宣称："明确的指挥链、良好的劳动分工、充分的正式或非正式交流、没有过多的层级，通过这种特征建立的组织，比缺少这些特征的组织更智能。"

当然，适当的结构与组织智能是有关联的。适当的结构有利于培养进步的原型，这无疑是对圆桌模型的肯定。为了表明重点，威伦斯基指出了退步的结构的一些特征，而这些特征会导致"组织智能的失败"。例如：

- 层级众多。
- 强调层级的作风和象征意义。
- 高耸的金字塔结构：少数人通过漫长的晋升通道才能到达塔顶。
- 明晰的分工以及不同部门之间的敌对关系。
- 涉及众多部门。
- 按地域进行分工。
- 过于集中的组织智能。

威伦斯基着重指出了这样的结构是如何干预良好的信息处理的。同样，罗莎贝斯·莫斯·坎特曾批评了很多组织中存在的分散主义，并提倡采用参与型的组织结构，从而有助于跨越普通的界限。埃利奥特·雅克（Elliott Jaques）提出了"必备组织"这一概念，认为组织中经常存在冗余的层级，这会对快速明智的回应造成阻碍。此外，还有很多人指出，某些结构会限制集体智能，而另一些结构则会促进集体智能。

但是，这些分析家没有一人断言结构决定了组织智能最大或相当大的部分。结构是组织交流的基本构架，即让人们得以相互连接的场合与角色。即使是最理想的交流构架，最多也只是提供可能性。它让必需的互动得以发生，但未必能推动这些互动向前。文化、领导力以及其他因素也都得算进来。一个组织，无论其结构多么好，如果存在分裂的文化和自私的领导，那么它也不太可能以智慧的方式运行下去。

备选项 4：还是老样子

圆桌模型提倡在组织内部进行更深入、更细致的知识处理。它强调进步的互动，这有助于集体及其参与者进行学习。有人可能会问："圆桌模型难道不是'知识管理'或'组织学习'的另一种说法吗？"

在回答这一问题之前，先来简单了解一下相关背景。前几年，知识管理作为组织功能的一个特定的角度逐渐显现。知识管理强调的是，在组织内部如何创造、引导、应用知识，以及如何更好地处理这一过程。正如之前所说，知识管理有很多种方式，有些强调创造数据库的技术基础结构以及专业知识网络，以便更好地为组织服务；有些则强调隐性知识以及人与人交流的重要性。

此外，组织学习也是一个内涵丰富的概念。普遍的观点认为，作为一个集体，组织在高于成员个体的层面上进行学习。组织可以采取新日程和新结构来增强适应性。组织可以建立不同领域的专业技能，其中一部分赋予成员，另一部分则蕴藏于组织记忆中，也就是信息资源，如数据库、手册或其他记录等。

再回到刚才的问题上来："圆桌模型难道不是'知识管理'或'组织学习'的另一种说法吗？"事实上远非如此。一方面，圆桌模型是一种具体的理论，而知识管理和组织学习根本不是理论，而是总体的观点，有许多不同的版本；另一方面，圆桌模型有其独有的特征，即原型的概念、进步和退步的对比、退步的原型优势等，而知识管理或组织学习的任何一种版本都没有这些内容。

当然，圆桌模型与知识管理及组织学习之间存在着重要的联系。圆桌模型提出的一些因素有助于组织内部的知识管理，而进步的互动也会促进个人和组织层面上的学习。

圆桌模型对不同文化的适应性

我曾去过几次新加坡，它给我留下了很好的印象。有一次，我有机会与一群来自世界各地的人进行交流，其中包括一些新加坡人和游客。我们曾就本书中一些观点的初步概念进行了探讨。我一直还记得，在我解释了一些关于反馈的观点之后，一位先生站起来说，在他的国家，事情并不是这样的。

他对组织智能的概念能否适用于不同文化提出了质疑。

“我永远不指望从我的下属那里得到关于制度及大家所关心的问题等方面的直接反馈。”他说道。

我回应道：“但是，涉及知识处理的问题与文化并没有关系。为了让组织能更好地发挥功能，知识流在逻辑上是必需的。无论社会习俗如何，无知就是一种不足。”

“这一点你是对的，”他承认，“不过，我确实知道我的下属在想什么。”

“你怎么会知道？”我问道。

“我就是知道。”他回答道。

这句令人无法理解的话使得对话无法继续下去。于是，我转向另一个问题，但我好几次想到刚才的对话，不禁思考起文化在组织智能中所扮演的角色。一方面，“就是知道”当然包括在他人直接表述的层面之外，解读行为和表情之间的细微差别，我们在社交场合一直都在这么做。另一方面，正式场合中的“就是知道”，在非正式场合可能会带来诸多好处。日本一些商界人士在公司之外的非正式场合交换信息时，远比在公司中大型正式会议上要坦诚得多。因此，无论用哪种方式来揭示玄妙的“就是知道”，关于组织智能的表述可能并不适用于世界上所有的文化。

此外，认识到组织也有自己的文化同样重要，有时候组织文化差异还非常明显。一条街两侧的两家不同公司的内部文化差异，可能比两个不同国家之间的文化差异还要大。我们在探询圆桌模型在不同文化中的相关性问题时要记住，不仅存在国家文化和民族文化，还存在组织文化。

那么，这些原型模式的基本分析和建议适用于不同的文化吗？答案就是：部分适用，部分不适用。

适用的一部分在于这一理论的总体概述，也就是圆桌模型的要点。在这个层面上，这一模型当然适用于不同的文化。任何社群或组织文化都包含不同的互动原型，有些是进步的，有些是退步的。退步的原型往往更强大，因为它们更简单，也更易习得，虽然更笼统，但也更以自我为中心。一支团队总体的智能，反应的是进步的原型与退步的原型之间的平衡。

适用的另一部分则在于，从知识处理的方面来分析特定的原型。撇开文化接受度不谈，互动原型如何进行知识处理是相当客观的。再来回忆一下类似的例子，如无论当地文化认同什么，交流式反馈简明而直接，比否定式反馈和调解式反馈能传递更多的信息；同样，相较于回答中心型领导、愿景中心型领导和不予干涉型领导，询问中心型领导更提倡有利于组织智能的交流模式。

总的来说，如果某个社群或组织在知识处理上包含有悖于进步的互动的倾向，那么这个社群或组织往往不那么智能。它的蓬勃发展可能有其他原因，比如领导者具备的知识足以做出正确的决策、有着良好的联系、垄断性的地位、不断增长的需求，或者有支持资源的保障，但并非由于高效地利用了参与者的头脑智慧。

当我们转向互动原型所带来的象征性行为时，就触及了不适用的部分。不同类型的互动的象征意义，在不同的群体、组织、民族和国家的文化中自然也不一样。不妨再次回想一下前面提到的“根回し”的概念，也就是日本人在大型正式会议之前，通过小型的非正式交流来处理事情的做法。日本人很在乎“面子”问题，因此在正式场合出现争论具有相当负面的象征意义，而西方人则对这种交流方式很适应。相应地，“根回し”这一原型通过结合象征性行为的文化模式，服务于知识处理的需求。同样，在工作场合坦诚地谈论人与人之间的冲突、关于预算的担忧以及可能存在问题的制度，会被认为不太合适，但下班后在酒吧里谈论则可以接受，至少可以容忍。

总之，圆桌模型作为分析的框架，在文化上是中立的。而且，各种互动原型在知识处理方面的优缺点在文化上也是中立的。然而，象征性行为的积极意义和消极意义在不同的文化之间存在巨大的差异。相应地，组织智能所要求的原型，既要在知识处理方面合理且高效，也要符合文化中积极的象征性行为，就像“根回し”一样。

对于这种困境，如果没有良好的解决方案，那么这种文化不可能富有智慧。例如，无论在何种情况下（如会议室或酒吧），提供交流式反馈都不能被接受，或者只要不是上级的答案都不是好答案。在这样的文化中，无论要取得何种成功，都必须依靠高效融合的思想之外的方式。

当然，这并不是全盘否定等级分明的文化。处于指挥地位的人当然可以践行询问中心型领导模式，提供交流式反馈等，同时明确而果断地保持指挥所应承担的责任。问题在于专制，而非权威。毫无疑问，指挥的等级制度会为专制主义创造滋生的条件，但这一制度并不会直接导致专制主义。

如何打造圆桌模型

一些批评家可能会说："这些论点就像西点军校的毕业生一样排列整齐，但它们能解决问题吗？它们也许解释了'知识天气'，但你要的是'亚瑟王天气''卡美洛城堡天气''圆桌天气'，即合适的'天气'。而且，你又不能制造'天气'。"

实际上，我们往往能制造。

组织智能的圆桌模型试图给予解释，也经常试图提供帮助。针对如何使团队、小组、组织和社群更智能地发挥作用，该模型开出了一张大致的"处方"：聚焦于集体决策、反馈和领导力等热点；对退步的原型和进步的原型保持警觉；遏制退步的原型，促进进步的原型。

也可以跳过具体的内容，运用进步的互动与退步的互动的普遍观点，并付诸实践。不久前，我曾将这些观点介绍给一些教育学家。几天之后，其中一位女士找到我，并给我讲了下面的故事。

> 我不得不与我的一位同事进行艰难的对话。我们需要一起推动一些事情，但我怀疑她会抗拒。她确实如此。然后，我想起了关于进步的互动和退步的互动的观点。
>
> 于是我停了下来，快速地向我的同事解释了这些观点。接着，我直接问她："你对我们正在进行的对话怎么看？是进步的还是退步的？"
>
> 同事说，这当然是退步的。我承认这也是我的看法。
>
> 于是，我们从这个场景中退了出来。为了让对话向进步的方向发展，我们给自己制定了一些规则。你猜怎么着？真的有用！我们继续进行了一些礼貌的交流，并在一些敏感问题上慢慢地找到了解决方法。

这位女士叙述自己的经历时，提到直接使用进步的互动和退步的互动的对比，这让我感到非常震惊，我对其如此直接地展开对比感到有些吃惊。她的确做到了，她与她的同事制造了她们自己的"知识天气"。

还有一次，我提出类似的观点后，让一些参与者忘掉我所说的原型，让他们用自己的话来表达那些最让他们烦恼的退步的原型。一开始，即使处在权威位置上的一些人，也提到了他们认为有害的权威模式。但这时候有人提出："我们一直在抱怨工作中自上而下的问题，但是参与者的模式应该是怎样的呢？"

这组人立刻转变了方向，罗列了并非自上而下的退步的模式，比如有人总是抱怨，但从来没有做出实质性的贡献；有人死死地抓住一个问题不放，哪怕解决方案几乎让其他所有人都满意；有人则随波逐流，得过且过。令人感到惊讶的是，他们很容易在直觉的指引下，利用经验指出退步的模式，并提出改善的建议。

然而，有些挑剔的批评家可能会问："如果我的老板、上司、团队领导或教练本身就扮演了恶龙的角色，那该怎么办？除了他们自己的话，他们听不进任何人说的话，还动不动就发火。另外，如果整体环境就是很糟糕，每个人都像一条恶龙，那又该怎么办？如果认为我在真正恶劣的环境中能让我们的'知识天气'变好，这种想法不是很幼稚吗？"

组织智能的圆桌模型可以帮助我们审视恶劣的环境，并能帮助我们获取一些有用的做法。正如前面的章节所述，怀有进步想法的人几乎总能找到回旋的余地。不过，我们也要现实一点。自下而上地试图改变权威人物的退步的作风，可能会非常困难。而通过个人的努力来改变根深蒂固的组织文化，同样也可能非常困难。

好的理论，比如牛顿的运动定律，从来不会告诉我们如何随心所欲地做事。如果真能这样，定律就成了魔法，而不再是科学。好的理论告诉我们的是，如何能够更轻松地做事，为什么有些事情很困难，而其他事情明显不可能。因此我想对那些挑剔的批评家说："请你们努力寻找能解决问题的方法，而不是期待奇迹的发生。"

KING ARTHUR'S ROUND TABLE 工具箱

- 寻找组织智能。不仅要看单独的互动，还要看长期以来由多种思想和行为的多种互动结合而成的大规模集合效应。
- 观察知识流。以此来评估集体的总体组织智能进行得是否得当，如知识的产生或引入、整合成决策、解决方案的过程，以及计划、执行等。

- 观察交流构架。谁和谁以何种角色互动。在面对面交流、书面交流和线上交流中，都要牢记这一点。
- 努力发现原型。不只是本书各章中提及的具体原型，还包括任何不断重复出现的模式，尤其要注意互动中围绕典型的热点的原型。
- 记住，除了要对具体的原型保持警觉，还要注意进步的互动及退步的互动的普遍观点。此外，知识处理和象征性行为这两点本身就可以成为识别和解决问题的有效工具。

KING ARTHUR'S ROUND TABLE

第 9 章

发展一种进步的文化

想法与行为的鸿沟

我们来尝试做一个实验：随便挑一本大众商业杂志，随手翻开一页。如果翻到的一页全是广告，那就继续翻，直到翻到有文章的一页，然后观察你看到的内容。下面是我根据某一期《快公司》（*Fast Company*）杂志中随机翻到的 8 页总结的实验报告：

- 通过“反学习”进行创新。
- 让工作变得有趣。
- 阐明自己思考的内容并重新思考。
- 控制恐惧。
- 消除抵触心理。
- 主导市场的新方式。
- 如何有挑战性地行事。

- 转变领导方式。

这只是我的报告而已，你要关注自己挑的杂志，仔细看一下文章和栏目内容。你会发现很有意思的事：很多杂志是由建议组成的。

我还对一本大众健康杂志做了同样的调查，结果一样：它也是由建议组成的。

如今，这个世界变得越来越复杂，有时还令人沮丧。但我们都与变化纠缠不清。我们称赞并常常会加入改革的队伍，为的是更优秀的领导力、更好的健康状况、更好的政府、更好的教育、更繁荣的经济，以及更人性化、更高效的社群和组织。我们不像伏尔泰笔下的“老实人”那样好骗，认为当下的世间万物是它们所能达到的最佳状态，并不断地为之找借口。我们是具有批判性的。我们意识到了问题的存在并想办法解决它们。我们将今天看成是通往更美好明天的门厅，只要我们知道如何向前迈进。

本书中的建议不少，虽然没有《快公司》杂志那么多、那么快。圆桌模型分析了进步的互动是如何塑造组织智能的，并鼓励人们朝这个方向前进，可采用的方式可以是提供交流式反馈、实行询问中心型领导、避免假合作，以及在共同愿景和民事过程中培养信任。更光明的未来正等待小组、团队、组织和群体为之努力，圆桌模型互动的未来能促使集体在认知方面和人文方面都变得更聪明。

《快公司》杂志中的大多数建议听起来都很合理，我也希望本书中的忠告同样合理。当然，这些分析试图反映人类的认知和社会基础；然而，除非你采取行动，否则它们都仅仅只是谈论而已。在谈论和行动之间的桥梁下，隐藏着一些巨大而丑陋的“恶龙”。对这些“恶龙”，我们可将其统称作“理论—行动差距”。

理论—行动差距：良好的原则与个人及组织展现出的实际行动之间存在的巨大而持久的鸿沟。

理论—行动差距也就是组织学者杰弗瑞·菲佛和罗伯特·萨顿所称的“知行差距”。

现实的问题是，人们会得到许多建议，但几乎都不采用，哪怕是好的建议，或哪怕是自己真正相信的建议，如戒烟或健身。人们听取了建议，但无动于衷。大众心理学的日常智慧为此提供了充分的证据，比如“新年决心效应”（New Year’s Resolution Effect）“事情常常功败垂成”“说事容易做事难”“好心办坏事”等。

对个人和组织来说，情况都一样：建立更强的团队、达成共同愿景或转变管理方针，大家都是说得多，做得少。前文介绍了对组织而言至关重要的 4 种知识处理，即产生知识、交流知识、整合知识及实践知识。在有些方面，实践知识最艰难。我们可以进行研究、广泛宣传结果、制订计划，但在真正做出改变之前，每个人都可以保持已经习惯的原来的角色和办事节奏。要说个人和群体生活中的热点，那么变化就是热点中的热点。

在《所知甚多》（*Clued Up*）一书中，作者艾伦·罗伯逊（Alan Robertson）和格雷厄姆·阿比（Graham Abbey）将“理论—行动差距”比作充满敌意的环境，它好比丛林一样，不仅充满了明显的障碍，还有“看不到的、不明显的威胁，野生生物和猎食者，以及陌生的噪声和运动”。他们想强调的是，理论—行动差距背后的很多特征并不明显，尤其在一开始的时候。例如，新奇性和复杂性，他人的不理解，变化的环境，还有人们的警惕心理和抵触心理等。《所知甚多》这本书的一个中心思想是：为了跨越鸿沟，我们必须找到线索。

当然，这道鸿沟也未必总是那样巨大。有时，建议极其有用。当我们对某些事情相对陌生但不过于陌生，以及当我们没有太多负担且乐意从指南中受益时，建议就能很好地发挥作用。当建议要求我们改变根深蒂固的观念或行为模式时，比如健身、戒烟，它就像受潮的保险丝一样，在我们脑海中噼里啪啦地迸火星；当我们养成专制的习惯时，多采用民主的姿态；当我们倾向于过度民主时，应行使恰当的权威和领导力；当我们很想发表意见时，要多倾听；当我们倾向于不信任时，至少还要信任一点点；等等。换句话说，在我们想改变已固定的原型时，理论—行为差距最令人烦恼。而改变已固定的原型，恰恰是培养组织智能所必需的。组织智能是帮我们与恶龙进行正面对抗的正义之师。

那么，如何才能跨越从理论到行动的鸿沟，培养进步的互动而非退步的互动，并建立更智能的组织和群体呢？如何才能让自己围坐的桌子“变圆”，并在其他环境中推广圆桌会议呢？接下来，我们就来好好谈论一番。

行动之诗

芝麻开门！阿布拉卡达布拉！（魔术表演咒语）快变！这些是改变现实的咒语，不过它们只在魔术师表演的舞台上或充满幻想的小说家笔下才有效。真正的潜台词是什么呢？要为小组、团队、组织和群体中更进步的互动模式做出改变，我们能对自己和他人说些什么呢？要想跨越理论与行动之间的鸿沟，正确的谈论很重要。有两种经常被混淆的讲话方式需要做个区分：解释性理论和行动性理论。

解释性理论即解释事物的理论，如行星的轨道、《李尔王》的意义、信任的社会功能、自由市场自我调节的特点，或组织层级中的部落根源等。这是学术生涯中的至高级。针对它们的来回辩论是学术期刊和技术会议上的主要内容。

然而，解释性理论以高度抽象的形式服务于观点，相当脱离现实。例如，牛顿运动定律解释了很多现象，但没有清楚地写明如何将人类送上月球，也没提到滑雪比赛等。供求规律和自由市场的概念也解释了很多，但没有为反垄断立法或进出口税提供特别的准则。原则是有关联的，但需要精确的推理和丰富的经验将它们转化成具体的实践形式。

行动性理论则是直接告诉我们如何完成事情的理论，如《快公司》杂志中满满的内容。这些都是关于获得结果的理论。它们的形式可以是法令、民间故事、寓言故事、笑话、口号或清单。像“购置房屋的 10 条戒律和 10 点提示”这样的行动性理论，我们能从中得到建议，从而应对生活中的复杂性和不确定性。建议我们和他人走哪条路，不是唯一的策略，而是最广泛、最明显及最多样化的教育形式之一。

解释性理论和行动性理论都非常有用，但采取的方式不同。实践行为，如设计项目、主持会议、进行谈判或提供反馈，都是先从行动性理论获得最佳信息，而后再从解释性理论中获取养分。

让我们再回到理论—行动差距。理论不足以发展成为行动的基本原因之一，是它没有提供很好的行动性理论。日常经验为此提供了充足的证据。我们得到的建议常常是伪装成行动性理论的解释性理论。它假装指导当下的行动，但实际上是非常抽象的原则，非常脱离实际。如果人们能抽出时间静下来思考问题，解释性理论可能很有用，但此时它几乎没有任何用处。

理论不足以发展成为行动的另一个原因是我们对理论要求过多：与其

说它是地图，不如说它是迷宫，它有太多的步骤和概念，让人难以记忆和使用。此类建议不够精简，针对性不强，激励性不足，因而无法很好地将我们的精力集中起来。

我们可以用一个比喻来做总结，即“行动之诗”。

行动之诗：真正的变化所需的语言不仅是解释性理论，甚或行动性理论，而是需要优秀的行动之诗，也就是为了行动而构建的行动性理论，要简单、好记且能引起共鸣。

行动之诗就像是一个锦囊。表达得当的行动性理论不该是烦琐的，而应是精简的；不该是复杂的，而应是直白的。它触手可及，随时可用，有助于我们简单而高效地行动。有时候语言很有表现力，有时候甚至充满隐喻性，有时候则直指重点。无论如何，它都能引起共鸣。它能像诗歌一样精练且富有感染力。

让我们再回顾一下之前的例子，也就是罗杰·费希尔和威廉·尤里提出的利益型谈判而非立场型谈判。他们提出的策略涉及许多荣耀、屈辱以及丰富的基本原理，但基本理念可以总结为：谈判要基于利益，而非立场。这句话强调了一个简单的对比，它有助于我们思考。另一个例子是交流式反馈，首先阐明事实，然后确认并尊重具有积极意义的特征，只有到了这个时候，才能转向所关心的问题和建议：简单、精简、直接。

看一看各种不同的组织变革倡议，我们会得到警示，即好的行动之诗往往很匮乏。很多旨在阐明组织生活的模式、理论和框架都是如此：假如能抽出几个小时的时间将事情好好想一想；假如能抓紧时间让大家广泛参与到想法、观点和实践中来；假如能在匆忙之中学会暂停、反思，并深思熟虑地选择自己的行动。不过，这些标准是难以达到的。在现实中，在有压力的情况下，这些说法和概念无法激发我们的大脑，无法让我们记住这些观点并实时采取行动。它们不像锦囊那样随时可用。

顶层的概念，像知识处理和象征性行为，或进步的原型和退步的原型等，可以直接以常识性的方式来运用。我们可以很快地、直观地评估对话、会议或电子邮件进步与否，知识处理是否做好了，象征性行为是积极的还是消极的，以及哪种原型似乎在发挥作用。

说到小组决策、谈判、反馈、领导、合作、信任以及冲突，会让人回想起熟悉的场景，重要的类比也因此凸显了出来。例如，记住以下领导力原型：回答中心型领导、询问中心型领导、愿景中心型领导和不予干涉型领导；或者记住解决冲突的原型：共识决议、民事决议和权力决议。要想起来它们意味着什么、为什么重要，应该不会太难。这些对比揭示了退步的原型所能带来的威胁和破坏，以及进步的原型本身固有的好处。它们的建议是：实际行动向着进步的方向进行相对简单的结构性转变。

如果有足够的相对不错的行动之诗，那么上述所有这些可能会独立完成任务。然而，突破理论—行动差距这一现实，不仅要求有不错的行动之诗，还要求当事人准备好并乐意用进步的方式采取行动。此外，要取得可持续的影响，还要求进步的互动的微观文化。

发展型领导者

我的一名同事，按照亚瑟王时代的传统，可以称她为桂妮维亚；不过，暂且就称她为“格温”吧。开会时，格温是个聪明的参与者。当我们的会议要一起开时，我总是心怀感激，因为我知道，这次会议走过场的可能性会低很多。

格温有一种本事，她能优雅地推动事情向前发展。即使她没有主持会议，她也会提出问题和建议来快刀斩乱麻。她能帮助我们避免“假合作”、小集团思维以及螺旋下降等三大威胁。她帮助我们跨越理论与行动之间的鸿沟，并创造出进步的互动文化。

另外，格温做事也很谨慎。这并不是因为她读了这本书，而是因为她天生就有这种本事。她就是那种有着丛林智慧的人，所知甚多。她就像一名优秀的哨兵，能看到威胁在丛林中悄悄逼近，并能阻止它们。她看到了原型，即很多事物都依赖的互动原型。

“在盲人的国度，独眼人就成了国王。”这一原则当然也适用于群体和组织生活。不过现实是，大多数人是看不到原型的。人们对集体生活中的问题和机会的认识很自然，也很粗浅，但往往不会从特定的模式和替代选项的角度进行分析。他们察觉不到那些导致互动时好时坏的原型。当爱丽丝告诉贝克的一切有悖于贝克的立场且毫无帮助时，他俩都没有意识到这种负面的方式实际上是一种根深蒂固的起反作用的反馈模式。而当卡罗尔和德怀特开始“螺旋下降”，对一个微不足道的观点展开宏大的讨论时，大多数人只是简单地将自己的观点加进其中。

但格温不是这样的人。她用一只眼“注视”着谈话的实质性内容，同时用另一只眼“注视”着互动原型。就原型而言，格温就是盲人国度里的“独眼人”。

像格温这样的“独眼人”可以被称为发展型领导者。即便他们不是国王或女王，至少也是促进更多进步的互动骑士。无论是小组的领导还是普通参与者，其发展型领导者的行动方式都能帮助小组向更为进步的方向发展，而要做到这一点，首先要从原型的角度看事情。

从原型的角度看事情，听上去像一个绝佳的主意，但在实践中，它又意味着什么呢？在关键时刻，发展型领导者想的可能会是这样：

- **情景 1：** 又来了。我们想充分讨论这个复杂的话题，但我们的人太多了，这样下去遥遥无期。如果我们用另一种方法，将这个问题拆分开来，结果会好得多。
- **情景 2：** 我注意到他没在听。他的注意力全都集中在他自己的答案上。我们如何才能将更多的重大问题摆到桌面上来谈，并认真地关注它们呢？
- **情景 3：** 现在的对话有点糟糕。人们几乎要打起来了。这一次，我想我们没有达成一致意见的希望了。那么，用什么样的民事手段来解决呢？该由谁来做决定呢？

从认知层面来看，从原型的角度看事情相当复杂。它是在事情进行的过程中即时发生的。格温在参与会议讨论时，同时还关注着可能出现的问题。从原型的角度看事情，较少关乎观察和剖析（谁在互动的过程中有时间），而更多的是关乎注意到正在发生的事。这要求一个人应善于保持警觉性，而不是置身事外地进行分析；还要求他不经意地追踪会议、一对一的对话、指导环节，以及其他互动的知识处理和象征性行为。从原型的角度看，这就是大多数情况下，你能维持对话，也能注意到其他很重要的事情，就像开车时注意到前方突然出现了一只球，或前面的交通灯变成了黄色等。

除了“独眼所见”以外，还需要什么样的实际行动呢？理想的发展型领导者会努力采取进步的原型，无论其他人在做什么。在反馈时，他们会提供交流式反馈，而不是否定式反馈或调解式反馈。在与他人合作开展项目时，他们提供的不是完全成熟的观点，而是“试探气球”或试验性计划，以免项目一开始就陷入僵局。

除了行为上的进步，发展型领导者也会让其他人从原型的角度看事情。比如，想象一位发展型领导者，他不是领导，也不是促进者，只是前面描述的情景中的一名普通参与者。对于正在讨论的复杂的话题（情景 1），他可能会想出一个可替代的计划：

我们在这个话题上讨论了 10 分钟，问题太复杂，太令人纠结了。这种问题往往不是我们可以从头到尾谈论就能解决的。我在想，我们是不是应该先征集大家的初步观点，然后组成小组，以便下次会议来解决。

关注回答中心型领导（情景 2）的人可能会温和地尝试从难题中换取时间：

朝那个方向思考当然很有意义。而且，我们都知道这个决定很重要。所以，让我们在确定之后再做决定吧。我们遇到的一些疑点可能真的很重要。我想，我们能不能用比如半小时的时间仔细来研究一下，在座各位都投入进来。至少我听说过，这些疑点……

当然，这无法确保改变会议进程，但说不定可以。

关注争论升级（情景 3）的人可能会试着改变当时的情景：

我知道，我们通常会努力达成一致。也许我们还是可以达成的。不过，我们似乎始终站在彼此相当对立的场景中。我们能不能稍停片刻，自问一下：这种事情要如何解决？该由谁来做决定？对于现在是否要继续讨论、如何讨论，这又意味着什么呢？

所有这些带来的真正收获，不在于特定的场景，而是长期的效果。发展型领导者在对话的土壤中播下种子，而后其他人开始从原型的角度看事情。也因此，一种更具智能的对话文化发展并繁盛起来。

总结一下，发展型领导者具备的两种标志就是：

- 从原型的角度看事情。发展型领导者努力发现正在发生的事情。
- 行动时有目共睹。发展型领导者行为进步，且引人注目。

因此，发展型领导者在小组中发挥着榜样、促进者和导师等角色的作用，帮助集体向进步的文化的方向推进。

当然，大多数发展型领导者并不会运用本书中提到的方式进行思考，比如进步的互动和退步的互动、知识处理或象征性行为等。他们是“天生的”，就像格温那样。他们通过自己的方式和特有的词汇，学会了从原型的角度看事情，并以他人看得见的行为使事物朝着进步的方向发展。即兴的发展型领导者时有出现，本书中提到的观点可以帮助我们培养更多这样的人。

但这并不意味着我们应该期待“独眼人”成为完美的模范。那只“独眼”也可能并不是一直都睁着。这让我想起了一位特别投入的参与者：利亚姆。利亚姆当时负责一个办公室，管理着几名雇员。他牢记着一些进步的做法，但苦于根深蒂固的习惯，他退步了很多。不过，他在同事之间建立了强烈的信心。当他偏离正轨的时候，他的同事会婉转地提醒他，而他也很尊重地接受了这些反馈。很快，利亚姆与办公室的其他同事就以新的面貌和信任投入工作。因此，即使“独眼人”的从原型角度看事情的那只眼睛只在有些时候睁着，很多事情也能发生。

实践社区

想象一个小组中有一个“独眼人”，一个发展型领导者。这个人在小组中激发了一种更好的互动模式。但这仍然只是一只能看到原型的眼睛。来简单快速地看一下几个月之后的情形：小组中大多数人都对进步的互动的艺术和技巧产生了兴趣。人们通过共同的习惯和承诺进行自律和他律。当复杂的对话需要促进者时，任何人几乎都能相当好地进行促进。当有关反馈与合作的问题或冲突出现时，人们通过共同的意志向进步的原型求助，如“让我们使用反馈梯表来解决吧”“看看我们能不能把问题拆解，而不是非要彻底讨论它”。我们拥有了一种进步的微观文化，同时也拥有了诸多进步的变化。

这样的变化锦囊是怎样的呢？它们又是如何发挥作用的呢？一种颇有见地的衡量方式来自现代组织理论中的一个突出的概念：实践社区。这个概念是由琼·莱夫（Jean Lave）和埃蒂纳·温格（Etienne Wenger）提出的。实践社区是由一群人组成的，他们相互之间拥有共同的行为模式，并合作性地相互支持。

例如，施乐公司帕洛阿尔托研究中心（Palo Alto Research Center）的人类学家朱利安·奥尔（Julian Orr）做了一项经典的研究，对象是施乐公司的技术代表，他们基本上是机器维修人员。奥尔发现了一件令人惊讶的事：照着书本进行维修并没有起到很重要的作用。很多问题在书本上都找不到。技术代表从彼此身上学到的反而最多。他们在早餐、午餐和喝咖啡的时间互相分享知识。有时，一个人会与另一个人一起解决棘手的问题。就这样，施乐公司机器维修工艺中的复杂情况和处理方式在整个组里传播开来。约翰·西利·布朗（John Seely Brown）和约翰·杜吉德（John Duguid）阐释了这些技术代表是如何通过讲述和交换“战斗”故事来分享知识和手艺的。

实践社区提供了一种方法，来解决专业化中最令人沮丧的一个方面，即随着时间的推移，专业性的延伸发展。它也为知识管理的一个重要方面提供了一种方式，即组织的知识资源管理。就像施乐公司的技术代表那样，正规的训练计划总体上声名不佳，因为达不到人们想要的结果。而社交网络中的非正式交流，因其适时的特点，往往要有效得多，如在冷水器旁讲述的“战斗”故事，以及喝啤酒时交流出来内行技巧。正是出于这个原因，世界银行、摩托罗拉公司、强生公司以及其他组织才发起并支持建立广泛的电子实践社区，或者其他具有诸多相同特征的社交网络。这些都取得了巨大的成功。

像施乐公司的技术代表这样的实践社区，在某种程度上会自动地倾向于发挥进步的作用。毕竟，实践社区反映了一种承诺，即通过会议关系来分享知识；而且在这样的情境中，很多典型的、棘手的否定式反馈原型，如基于权威的领导等，就消失了。

另外，实践社区的概念解释了发展型领导者创造的进步行为。这样的微观文化就是实践社区，有特定的焦点。涉及其中的人未必非要参与该行业特定的专业活动，就像施乐公司的机器维修人员那样。他们可能在更大的组织内扮演着不同的角色，如有人来自财务部，有人来自销售部，有人来自生产部；甚至，他们可能来自不同的组织。他们分享的实践不局限于各自的专业领域，而是进步的实践、保持进步的互动的艺术和技巧。他们能够互相给出建议并顺利地合作，反映了这种共同拥有的实践。我们也许可以将这种小组称为“进步实践社区”。

前文中提到过，几年前，我与同事恰好有机会与一所著名大学的行政部门合作。我们的工作对象不是系主任或其他教师人员，而是主要行政管理人员：财务人员、采购人员、律师以及基建部门管理人员。我们的目标是培养一种更积极、更高效的互相理解和互相合作的文化。

当时，行政管理人员相当投入、充满热情且领导开明，但他们也展现了相当明显的敌意、官僚主义，并对他人的观点进行了负面的批评。我们建立更好的社区文化的主要策略是让人们参与到行动项目中去。行动项目是中短期的任务，承担任务的是为机构服务的个人和小组。有人争取精简各种办公流程，有人试图制定方案来维持大学校友之间的联系，有人想更好地管理合作资源，有人想改善办公室的人际关系，有人则想让会议变得更加高效，还有很多混合上述想法的目标。

为了让这些过程顺利进行，我们通过研讨会和小型培训班的方式介绍了一些进步的实践。由于人们倾向于对他人的观点持否定态度，所以我们选择交流式反馈，结果特别受欢迎。我们还提供了一个总体的小组问题解决方案，来阻止权宜的解决方法，并促进对问题根源的挖掘和理解。

任何此类倡议都一定会有波折起伏，但总体结果相当令人满意。很多行动项目产生了有利于机构的直接效果。而且参与者报告称，他们发展了进步的技能及进步的态度，这不仅是因为研讨会和小型培训班直接介绍了这些内容，还因为行动项目提供了试验和改善的具体环境。

除了积极的趋势，我们还观察到另一件很有趣的事情：产生的变化并不均衡。不同的办公室、不同的小组，情况大不相同。这很大程度上取决于小组中的权威人士在多大程度上投身其中并成为发展型领导者。原则上，任何一个小组都可能受到外部或上级等其他参与者的影响，因为高层行政人员强烈支持这一倡议。在实践中，每个小组本身都是一个小世界，桌子或圆或不圆，变化或多或少。概括地讲，我们有理由提出以下建议：局部影响定律。

> **局部影响定律：发展型领导者的影响可能是局部的，他们主要在与自己直接相关的小组中培养进步的实践。**

这一定律的逻辑应该是清晰的。人们很可能通过直接参与共同的事业，从发展型领导者那里学到最多的东西。可以肯定的是，身处中心位置的发展型领导者可以倡导进步的实践，甚或安排研讨会，但这样的效果并没有像大家一起工作那样强大。

局部影响定律与总体影响定律

从局部来看，局部变化已经是很大的变化了。但很多组织和社群的规模都很庞大，通常包含几十乃至上百个“局部”：团队、办公室、科室、部门、区域等，且它们相互之间关系复杂。比如你隔壁的发展型领导者帮助“局部”创造了进步的文化，一种跨越理论与行动的鸿沟的文化，但如何才能汇集成为普适的组织智能呢？局部影响定律不仅表达了一种潜能，还设定了一个局限：一张圆桌的价值只是那张桌子的价值，所谓“一燕不成夏”。

我们不妨来看看知更鸟、山雀以及偷牛奶的故事。有一个关于鸟类互相学习的故事，它揭示了小组内的变化是如何扩散到整个集体的。故事的讲述人之一是阿里·德·赫斯（Arie De Geus），他在《长寿公司》（*Living Company*）一书中引用了加州大学伯克利分校的生物学家艾伦·威尔逊（Alan Wilson）的研究。

19 世纪后期，牛奶配送服务开始在英国出现。不过，当时的牛奶瓶是没有盖子的。知更鸟和山雀这两种鸟类很快就发现牛奶很合自己的胃口。它们慢慢地学会了撇去牛奶表面凝结的奶油，从瓶子里偷喝牛奶。而这些牛奶瓶正等着它们的主人醒来后将它们拿进屋里。

到了 20 世纪 30 年代，牛奶配送系统终于有了一些创新：牛奶瓶有了铝制的盖子。无论这对防止牛奶泼洒和保持牛奶卫生有多么直接的作用，它还是完全没能打败鸟类。有时，知更鸟和山雀学会啄穿瓶盖，它们无论如何还是能喝到牛奶。不过从长期来看，山雀要比知更鸟更胜一筹。几年之后，人们在街上碰到的任何一只山雀都知道如何搞到牛奶喝，而知更鸟“偷奶贼”的数量一直不多。

艾伦·威尔逊分析了山雀是如何超过知更鸟的，作为“创新在一个物种内部而非在多个物种间传播”的研究的一部分。个体首先要有能力发现这一技巧。威尔逊发现，知更鸟和山雀都有“发明天赋”。一只知更鸟或山雀会不时地想出办法解决牛奶瓶盖问题，且二者想出办法的频率相差无几。然而，由此联系到组织的主题会发现，在传播实践方面，知更鸟“社会”的交流构架很糟糕，而山雀“社会”却有不错的交流构架。知更鸟是区域性的，它们会监视自己的私有领地，捍卫其边界；而山雀则组成小型觅食群体，并时不时地会更换成员。这意味着，当具有天赋的知更鸟在解决牛奶瓶盖问题上取得突破时，其他知更鸟往往学不到。而具有天赋的山雀取得同样的突破时，群里的其他山雀则会观察、学习并且效仿，而由于成员会轮换，因此其他山雀也能从中学习，最后整个种群都变成了“偷奶贼”。

一小部分进步的实践不能形成智能的集体，而如果每个“局部”都有人领会了这种精神，成为发展型领导者，并将进步的实践带到自己参与的其他小组中，那么效果就与山雀和牛奶瓶的故事中所讲的一样了。很快就会出现这样一个社群：大多数桌子都是圆桌，大多数互动在大部分时间都有进步的特征；这个社群由于在各个层次都拥有优越的知识处理和象征性行为，所以更加智能。

换句话说，我们可以将其概括为“总体影响定律”。

总体影响定律：向着进步的实践的文化转变，有赖于能够充分将人

员混合的交流构架，以促进进步的实践在小组之间传播。而在此构架中，一批很重要的发展型领导者在推进整个过程。

来自高层的愿景和政策以及正式的培训，有助于促进进步的转变。他们可能是转变的关键人物，但他们不做具体的转变工作。如果人员充分混合，并且有一群这样的领导者，那么实际转变工作是由发展型领导者完成的。这样的转变是系统层面上的现象，个人并不能很容易理解或者欣赏，就像彼得·圣吉在《第五项修炼》一书中所说的那样。我们很容易想象的是，针对关键人物的一个周末培训项目外加一点后续行动，就能将进步的实践安排到位。然而，希望获得的良好效果有赖于系统的属性，例如，经过培训的人在组织里分布得有多么广泛；他们领会的精神是否充分，以作为发展型领导者发挥作用；组织文化是否有足够的兼容性以允许这种情况在“局部”发生；以及组织的交流构架有没有充分地将人员混合，以便于进步实践的传播。所有这些都需要进行系统思考。

此外还有一个难题：指望进步的实践的传播像山雀偷牛奶那样简单，是不合理的。人们能从群体中快速地学到与个人利益直接相关的事，例如，哪里是最佳钓鱼点，哪家古董店最好，或者哪家单身酒吧最好，等等。但是，从彼此身上学习进步的实践更具挑战性。因为这是从集体的利益出发的，学习与个人利益没有直接关联的事，从本质上来说，其激励性很弱，而且并不明显。

所以，对有天赋的山雀而言，仅仅当着其他山雀的面去偷牛奶就够了，而对发展型领导者而言，仅仅做出进步的行动是不够的。偷牛奶，或者将车停在最佳钓鱼点旁边，对这类事情本身来说足够明显了，但在复杂的社会环境中，仅仅有进步的行为还不足以引起他人的注意。发展型领导者不仅需要进步的行动，还需要使自己的行为能让人看清楚，但不需要太多提醒、演示或解释，只需要在共同工作的自然流程中时不时地引起他人的注意即可。

反学习

反学习是一条特别可恶的恶龙，守卫着从理论到行动的通道。当人们的态度和实践发生变化时，一般总会遇到些困难，可能是关于组织智能的，也可能是关于其他方面的。第一次学习如何处理状况，总比重新学习如何用新方法处理要简单。第一次，我们轻装上阵；第二次，我们要背着第一次留下的行囊，而这笨重的行囊可能会成为我们的负担。

大多数人可能已经有了不少经验，并从经验中得到了切实的好处。但是，他们同时也积累了所有那些行囊。大多数组织习惯的模式并不存在于某个参与者的头脑里，而是存在于组织结构和常规中。这是导致组织合并变得很棘手的一个因素。每个组织都有自身独特的领导风格、发展途径以及处理问题的方法，而其中所有的成员对此都了如指掌。现在，有些人需要反学习，即忘掉以上这些。这也是使得组织内部发生微妙变化的一个因素：有些人需要反学习。相应地，反学习的问题值得深入探究。

反学习这条恶龙似乎有三个脑袋，对应的是以下三种基本的互动原型；在集体环境中，过去所学与现在的学习机会相冲突。

- **框架防御。**一个人当下的参考框架，如已形成的信念和态度，往往会对革新产生阻力。（如“这没有用的”“它在这里没有作用”“我已经做过了”“那只是赶时髦”“原则上是好的，但不会起作用”“这会威胁到我已经做好的事情”“我对所有这些倡议都厌倦了，它们从来就没有真正地成就过什么”等。）
- **习惯防御。**当人们在原则上接受革新时，根深蒂固的习惯往往会重整旗鼓，尤其是在紧急情况下或面临威胁时，而这也可能正是最需要采取新行动的时候。（已形成的习惯是高度自动的，会随时出现，尤其是当压力导致人们只关注手头的事情时。）

- **系统防御。**无论个人信念如何、是否准备采取行动，个人所处的社会环境往往也会阻碍革新。（如没有时间；威胁到他人的利益；导致两极化的情况，引起两派对立；一下子出现了太多的变革倡议；缺乏激励结构；等等。）

正如之前提到过的很多原型那样，以上三种原型也很相似，因为它们反映的是共同的经历。的确，在很多情况下，反学习这条“三头龙”是我们希望出现在身边的。这些原型之所以不断出现，是因为某些保守主义对革新是有价值的。革新往往并不总是可行的。现状反映了个人及系统此前的学习所遗留的经验，而这需要一定程度的保护。相应地，框架防御、习惯防御和系统防御等三种防御的原型，与前面章节中探讨过的其他原型相似，如回答中心型领导或调解式反馈常常能起到积极的作用。然而，如果它们停留的时间太久，那么就不受欢迎了。

不妨让亚瑟王来解释一下反学习。亚瑟王认识到了圆桌风格的力量和人性化，决定将它带到北国。由于意识到需要措辞简练并提供实用指南，即“良好行动之诗”，亚瑟王认真而务实地阐明了他的圆桌哲学，并将圆桌风格称为“追寻圣杯”，以表示一种忠诚的追求。尔后亚瑟王和他的随从动身，将“追寻圣杯”带到北国。

亚瑟王计划了一个“双阶段”的过程。一是推出“追寻圣杯”，二是在两三个月后检验这个过程。第一步似乎进行得不错，亚瑟王的研讨会上响起了不少掌声，但第二步却有些令人惊讶。当亚瑟王在两个月之后回到“框锁城”来检验时，几乎找不到“圣杯”的踪迹。后来，亚瑟王和他的团队发现了如下反应：

骑士 1：我尝试了“追寻圣杯”一两次，但这个方法似乎不起作用，说出这一点让我很痛苦。

骑士 2：千真万确，我已经做过了“追寻圣杯”这件事，也坚持了一段时间，但情况并没有什么变化。

骑士 3：我承认这种哲学很有魅力。但在这里，在这个死气沉沉的地方，它永远不会发挥作用。因此按常理说，我又何苦呢？

骑士 4：恕我直言，卡美洛原本就不该指挥我们当地的领主和他的骑士，也不该教我们如何处理事情。

骑士 5：我承认，这种做法很有礼节，但我不能让我属下的骑士退化成优柔寡断的没有战斗力的人。

换句话说，在“框锁城”，亚瑟王发现了大量的框架防御，人们带着已建立的信念、态度和利益，阻碍并拒绝对圣杯的追寻。确实，任何试图推动变革的人，都会听到诸如“我试过了，没有用”“我们已经做过了”“它在这里不会起作用”等言辞。正如前面所说，这些防御可以是合理的，因为很多变革的倡议没有经过很好的构想，但这些也可能仅仅是借口而已。

圣杯小队继续前进，来到另一座城堡：“惯迷城”。亚瑟王一路嘟嘟囔囔，预想着最坏的结果，然而他发现自己应感受到鼓舞。“惯迷城”的骑士们对圣杯的优点赞扬有加：它提供了一个具有启发性的愿景、一种前进的方式、一种现代化的形象以及一种激励人心的风格。

亚瑟王和他的团队在这里停留了一段时间，观察当地的领主和他的骑士们的互动如何在这个小小的领域里推动事情的进展。渐渐地，他们发现了一个令人不安的现实：“惯迷城”的骑士们只会说，而往往做不到。有时候他们会运用一些圣杯的元素，但没有触及它的核心，他们甚至似乎意识不到自己只是在做表面文章。

有时他们自己就能发现自己的懈怠，不过，他们经常再次犯错，特别是当需要关注棘手的事情时：

骑士 1：上帝啊！我真的找到自己在追寻圣杯时的弱点了。我会更努力一点的！

骑士 2：我不知道自己还能做什么，我必须想办法有所推进。

骑士 3：我发誓，以前的自我又占了上风，就好像我没有意志一样。

换句话说，亚瑟王在“惯迷城”遇到了习惯防御。亚瑟王开始意识到，骑士在原则上接受“追寻圣杯”是一回事，而让“圣杯”进入他们的日常生活的方方面面则是另一回事。确实，任何试图推动变革的人都会认识到错失良机和倒退的问题，尤其是在压力较大的情况下出现的倒退。

亚瑟王和他的小队继续前进，来到“系污城”。这一次，亚瑟王更关注人们做什么，而不是说什么。他欣喜地发现，“圣杯”在“系污城”会时不时地发挥真正的作用：朋友和同事之间非正式的会议、骑士管理人马的方式以及其他骑士处理当地事务的方式，都显示了这种哲学的闪光点。然而在更大的场景中，以及在“系污城”真正的当权者身上，并没有出现这样的信号。

亚瑟王和他的小队发现，这座城堡中的骑士们相当准确地理解了“追寻圣杯”的观点，甚至似乎有足够的自我意识来推翻旧有习惯。然而，“圣杯”却不适合城堡中的主流文化。

骑士 1：我很渴望追寻圣杯，但大主教相当保守，他对这种新的做法几乎不能容忍。而维持社区良好的声望是我的职责，并且这确实也有必要。

骑士 2：就我自己和我的朋友来说，这没问题。但商人们很精明，如果在与他们做生意时强调“追寻圣杯”，他们会大占我便宜的。

骑士 3：如果我们大家对此想的都一样，全都投入到“追寻圣杯”的事业上，一切就都会好。但在这个新的启蒙运动中，只有我们几个人是确定的——如果我旁边的贵族没有这样的倾向，那将会很难。

这些可能是借口，亚瑟王告诉自己。但在进一步调查“系污城”之后，他推断出，只有一部分是借口。这座城堡中的文化和流程造成了系统防御。而任何试图推动变革的人都会认识到，系统因素是如何经常合谋抵制变革的。组织理论学家埃德加·沙因就此想出了一个恰当的名称：组织免疫系统。

亚瑟王相当失望地结束了他的第二段旅程。他可以传递关于“追寻圣杯”的话语，可以向当地的骑士介绍一些关键做法，但“框锁城”的框架防御、“惯迷城”的习惯防御以及“系污城”的系统防御，击败了他的最大努力。

要让“追寻圣杯”发挥作用，挑战毫不神秘。就将它称为寓言吧。当治疗师鼓励家庭成员采取更平和的方式相互联结时，当公司经理试图发起更好的实践时，当创新的教育计划将老师导向更深刻的教学法时，当政治和社会领导人尝试将陌生的民事结构引入充满争斗的社会时，反学习这条恶龙就会兴风作浪。框架防御、习惯防御或系统防御，守卫着以往的模式，防范着未来的实践，而且三者皆存在的情况也并不罕见。

制衡反学习的三种力量

由于要躲避反学习这条“三头龙”，严肃的创新要从理论变成行动，看起来可能很渺茫。然而，还存在一股制衡的力量。希望就存在于盲人国度中的“独眼人”身上，即发展型领导者，那个从原型的角度看事情的人，他能在工作中认识到这些力量，并有望处理它们。确实，对于上述三种防御的任何一种，人们都可以认识到反向运动能打破框架、习惯以及系统。

实际上，打破框架、习惯和系统，其本身都是很复杂的。要彻底弄清楚可能需要更多的信息。不过，还是可以简要地考察一下，并培养出某种意识，认识到发展型领导者可以做什么，无论他们是经理、政治领导人、促进者，还是只是有悟性且专注的普通参与者。下面就是一份简明的指南。

打破框架

框架防御试图维持那些反映已形成的信念和态度的参考框架。因此，打破框架需要对那些顽固的心智模型进行质疑，并最终改变它们。推动进步变化的发展型领导者能够朝着这个方向采取一些行动。

找好理由。打破框架最简单的策略之一，就是为人们提供真正好的理由去尝试。革新必须要吸引人。它必须保证能超越现状，如更多的储备、更高的效率、更高的产量、更大的影响，或者更高的领导地位、更好的健康状况，或者关键人物真正想要的其他事务的状态。参与者，尤其是决策者，不需要从一开始就全心全意地接受革新，但他们至少需要认识到它的潜力，并抱着实验的精神参与进来。

此外，革新必须要兜售出去，无论是知识管理、实践社区、虚拟会议空间，还是其他事物，这是自然而然的。这一点可能看起来很明显，但具体到某特定的革新，其热情的支持者可能会表现得好像它的优点显而易见，自身就可以推销出去。而事实上恰好相反，革新的推销往往需要人为地去做。

培养意识。人们在原则上往往并不反对变化，但认识不到已形成的参考框架在变化过程中会如何固守自我。培养意识能够提醒人们：疑虑和质疑很可能会出现。

例如，某家公司正通过数字媒体开发合作形式。经验表明，这些线上对话扰乱了人们对于“什么是公开的”“什么是隐私的”“最初的想法需要在何种程度公开”等相关问题的期望。对此，这家公司一开始就发出警告，指出哪些内容会让人感到奇怪或令人担忧。由于知道了人们期望什么，参与者在面对问题时就有了更大的决心，并解决了这些问题。

将旧的参考框架归类。我们不能要求一个人为了新的愿景而立即丢弃旧的观念，这种要求太过分了。革新者可能会发现，呼吁人们暂时不要做出判断，而是将旧的参考框架归类，尝试新的做法，看看会发生什么，这样更容易成功。

例如，在没有向教师呈现关于新旧教学法哪种更好的详尽论证前，教师往往更乐意接受新的教学法。而鼓励他们以实验精神简单尝试新教学法，并分析利弊时，他们能领会到其中的基本原理。这种实践性的实验比先验性的论证更好，有时候会暴露革新中真正的缺点，以便进一步完善。

期待行动。从理论到行动的转变，得益于对行动的明确期待。否则，人们就只会不停地谈论可以做什么，而真正做的人却极少。杰弗瑞·菲佛和罗伯特·萨顿在《管理者的误区》（*The Knowing-Doing Gaps*）一书中指出，用谈话代替行动是一种常见的防御机制。

迈向行动最好的方法，可能就是一开始就本着研究行动的精神，将具体的行动当作过程的一部分，就像库尔特·勒温（Kurt Lewin）所阐明的，或者像雷格·瑞文斯（Reg Revans）提出的行动学习法那样。行动项目思想可参考前面章节讨论过的关于"局部"变化的内容。正如前文所提到的，立即开始行动，有意识地阻止思考，直到经历能提供更多的数据，往往很有好处。

低风险现实主义。医学革新不会以大规模的推测性疗法开始。同理，聪明的革新者营造出的环境，可以让人们实验新方法，同时又不必担心会因事情进展不顺利而受到攻击或威胁。

安排人们组成小组工作是一种有效的途径，因为小组工作会分散和稀释风险的感觉。而建立适当的初始期望，并强调实验和宽容的精神，则是另一条有效的途径。一些组织理论学家强调了实践场地的重要性，这是一种筛选出来的安全环境，能让新实践以较低的风险进行尝试。实践场地的形式可能是小规模低风险的倡议，是权威和敌对问题很少的一组合作者，偶尔在工作场所之外进行的、有着更开放的标准和交流的会议，或者是其他任何能降低实验风险的事情。

互相竞争的承诺。人们往往着重阐明新意图，但依然会发现自己没有跟进到底。这似乎特别令人迷惑，是一个没有明确解释的理论—行动差距。罗伯特·凯根（Robert Kegan）和丽莎·莱希（Lisa Lahey）在"转变的语言"的研究中指出，造成这种局面的罪魁祸首往往是另一项承诺。他们提到，转变是从"'新年决心'的语言到竞争性承诺的语言"。如果清晰明确的意图没有引起具体的行动，那么原因可能是存在一项隐藏的竞争性承诺，如顾虑、价值观、关系，或者在最初的意图形成过程中未能认识到的其他事物。比如你发现自己没有很好地跟进计划，或没有以更开放的方式来领导小组。为什么？在反思之后，你可能意识到自己害怕被别人误认为傲慢；或者担心自己失去对小组的控制，因为小组中有人表现出攻击性；或者你对很多话题坚信不疑，且不愿意通过更公平的对话来限制自己的权力。凯根和莱希提出，一旦我们揭示了隐藏的竞争性承诺，就可以将其作为隐藏在我们身后的看不见的假设，并对其进行检验。我们可以谨慎地决定是否需要它们以及何时保留它们。那些相互冲突的假设可能存在问题，我们可以在相对安全的环境中，也就是实践场地中，通过实验放弃某种假设，并给新方法一个机会，看看接下来会发生什么事。

发现说和做之间的差距。当人们没有坚持某种行动时，还有一条更困难的路——引导人们认识到所说和所做之间的根本差距。组织理论学家克里斯·阿吉里斯和唐纳德·舍恩在对单圈学习（single-loop learning）和双圈学习（double-loop learning）进行比较后提出，我们大部分时间做的是单圈学习，包括对已建立的模式进行微调，但不打破其隐含的参考框架。双圈学习则要求对抗潜在的挑战旧框架的假设。

阿吉里斯和舍恩提出的方法含有一种治疗的特点。两位作者报告称，很多人给出的自己信奉的理论与实践中的理论并不一致。例如，办公室主任信奉某种民主的领导风格，但他的实际行为却很专制；或者他表面上信奉授权委托，实际上却严加控制。阿吉里斯和舍恩将这种情况解读为盲目，而不是虚伪。人们不会随时审视自己的行为，也不会检验自己的行为与自己信奉的理论是否一致。在这种情况下，促进者可以支持双圈学习，帮助人们检验自己的行为，揭示不一致的地方，以达成和解，并抛弃旧的假说。

我敢说，这是迄今为止最困难的一种打破框架的方式，不过它有时可能是唯一有效的途径。合格的发展型领导者特别具有批判性，因为他们必须发挥治疗的作用，并且具有发挥这种作用的身份和眼光。这往往意味着，这样的人来自问题组织或社群之外，既没有卷入其权力结构，又备受尊重与支持，可以高效地采取行动。

打破习惯

习惯防御指的是，即使与新观念产生冲突，也要坚持已形成的习惯。尤其是在有压力时，以负面批评为主的旧习惯能压过交流式反馈的新决心，或者自作主张的旧习惯能导致与他人更广泛地进行协商的议程中止。因此，要想打破习惯，就要解决那些为旧习惯提供动力的心理学因素。通常，有洞察力的发展型领导者会关注这些。

培养意识。从本质上来说，这一点与打破框架是一样的。如果人们提前得到警告，已形成的习惯可能重新浮现，这时候人们高效地处理习惯防御的可能性最大。

何时、何地及如何做。当人们接受某个概念并试图付诸行动时，往往并不会带来多大改变。心理学家彼得·戈尔维策（Peter Gollwitzer）对此进行了解释。有时候，人们会制订出详细的计划，实践某一观点，以及自己将会在那些场合具体做什么。这些计划被称作“执行意图”。戈尔维策的研究显示，执行意图在实际行动的跟进方面会产生实质性的差异。他进行了两项调查，一项关注的是完成论文写作，另一项是关于执行一项健身计划。在前一项调查中，跟进率从 33% 左右上升到 75%，而在后一项调查中，跟进率上升到了 91% 左右。一个重要的原因似乎在于，相对具体的计划能更好地与旧习惯的势力做斗争。

植入提醒。旧习惯得以保持很大程度上依赖于旧环境，如同一间会议室、同样的与会人员等。有时候，人们可以通过转换新环境来消除这种影响。如果做不到这一点，则可以在旧环境中创造新提醒，如明确的信息或通过重新安排进行暗示。

植入提醒是自我管理中的一个常见技巧。例如，为了确保下班时将文件带回家，你将它放在外套边上；为了在月底付清账单，你将账单放在客厅的桌子上；为了记得给什么人打电话，你在电话机上贴了便条；等等。同样的策略在互动的情况下也能起作用。开会时，你可能在桌子边上放一些提示卡片，以便能快捷地导向交流性反馈；你可能让促进者而不是领导坐在桌首位置；你可能用计时器来提醒小组：半小时后休会，大家就整个过程进行评估。

主动抑制。如果你认为只要真诚地投入某项新策略就能战胜旧习惯，那就太天真了。保持警觉更加保险。警惕旧习惯的死灰复燃，主动抑制它们，并将它们抛开，以便进行革新。比起依靠良好的意图来改造根深蒂固的旧习惯，以上这种方法更容易成功。

压力管理。众所周知，组织生活会产生各种压力状况，如人际冲突、最后通牒、资源争夺和个人竞争等。不幸的是，压力往往会逐渐破坏新方法，导致人们退回到旧习惯中。

前文曾提到了一个经典案例，即耶克斯—多德森定律。发现者绘制出了动机与表现之间呈倒“U”形的关系：一开始，表现随着动机的提升而提升，但随后，随着动机的持续上升，表现开始下降。随后的研究表明，表现与压力等动机因素之间的关系十分复杂。有的人在有压力的情况下比其他人表现得更好；有的活动在有一定压力的情况下比其他活动获益更多。然而通常而言，因巨大的压力而产生的效果会导致我们的注意力范围变窄，并集中在手头的主要任务上。这会使得维持新做法的注意力分散。新做法自然比已建立起的实践需要更多的注意力。当压力增加时，新做法就容易崩溃。相应地，压力管理策略有助于新做法的建立，如暂停和放松等。

建立“倒退很正常”的观念。前面几段强调了习惯的力量如何抵抗革新，因此警告称，进展很不稳定，经常会有进两步退一步的情况。虽然可以做很多事情来保证前进的步伐超过后退的步伐，但这样的情况也要求对参与者的认知进行管理。有些话并不罕见，如“那天他表现得好像我们从未开始似的。”“你觉得自己做到了，随后却又发现其实并没有。”“这起不了作用。看，我们一直在退步。”

虽然有些倒退不可避免，但负面的认知则可以避免。机敏的发展型领导者会将倒退看作前进过程中的一个正常组成部分。

打破系统

系统防御通常涉及自身以外的因素，如文化态度、官僚主义、他人固有习惯、日程、权威人物的姿态，甚至具体布局等。有时，系统会进行消极抵制，已形成的秩序会产生惯性；有时，系统会进行积极抵制，某些个人或小组会反对甚至破坏革新。对于任何一种情况，打破系统所面临的挑战都将是：预测系统防御可能会如何起作用，然后逐渐减少它们的影响。

以下观点来自我的个人经验以及其他不同的文献。其中，安德鲁·莫林斯基（Andrew Molinsky）写的一篇关于组织变革的文章，尤其令我受益。

培养意识。与打破框架、打破习惯一样，让每个人警惕可能出现的系统防御很有帮助。

营造低风险文化。“打破框架”部分提到过风险问题，因为即使是在最友好的环境中，人们也唯恐自己过于暴露。除了这种天生的沉默态度之外，风险往往是一个系统性问题。在一些组织文化中，风险是很高的。失败几乎无法被容忍，上级严厉对待不起作用的尝试。矛盾的是，人们往往又要求快速发展新项目，且要广泛地执行，这又加大了赌注。人们感觉到有压力，于是想让事情看起来好像在运转，即使事实上并非如此。

西姆·希特金（Sim Sitkin）在撰写有关组织风险的文章时警告称，高风险会抑制创新。在小规模的初步试验中，以及在低风险、有足够的余地犯错的情况下，新倡议会有良好的发展。将小的失败看成整个过程中正常的组成部分，因为它们能提供宝贵的学习机会。

发展型领导者推动集体往这个方向发展，如果这样做有困难，至少可以在大的集体中建立或者寻找相当安全的小规模环境，也就是实践场地。

争取时间。革新需要花时间进行探索和完善，而时间这种资源在大多数组织环境中都很缺乏。解决的方法之一，是将革新融入其他必然要发生的事情中来介绍，如会议、反馈环节等。

还可以安排专门的时间作为革新的创始期。对于行政部门的建议是，领导每周都留出一段正式的时间，所有相关的行政人员从其他任务中脱身出来，共同讨论新做法。

此外，要避免在同一时间向同一群人推行过多的革新策略。实际上很常见的情况是，组织内部不同的权力集团往往会带来多重革新，会影响同一群人，而这群人必须分散自己的时间和精力，于是导致表面文章大行其道，却几乎不会带来真正的进步。

应对变革疲劳。在很多组织环境中，任何新事物都是老样子。人们厌倦了“总体质量管理”、工程改造、质量周期，以及其他诸如“下一代伟大的革命”等。这种“革命”自始至终只是集体环境中的一道风景而已，并没有真正地起到实际作用。

为了得到严肃的对待，另一项倡议就是：必须做出严肃的承诺，也就是前面所说的，腾出时间，从长计议，建立持久的期待。发展型领导者天生就是从长远的角度看事情的，因为他们只需要通过与他人互动的方式就能培养大家的意识。有些项目可以支持个人采取进步的行为以及为了让进步的行为有目共睹所做的努力，但没有哪个项目可以替代。

避免产生“传教士”和怀疑论者。激进的革新举措往往会产生热切的“传教士”和坚定的怀疑论者组成的反对力量。理查德·艾尔默（Richard Elmore）在撰文讨论大规模教育革新的问题时指出，这种反对力量是主要障碍之一。人们往往很想将那些“真正投入并真正在做”的人分进一个核心小组，并除去那些部分参与或者假意参与的人，但这种划分“集团内”和“集团外”的行为，会加剧两极分化。

因此，让参与和不参与之间的界线保持灵活，并使之具有可渗透性及模糊性这一点很重要。例如，可以将时不时会参加的人的名单留在邀请名册上，并接受一定数量的象征性的或“三心二意”的参与者。发展型领导者很清楚，即使是最好的革新，也会出现少数坚定的参与者、很多中间派、一些不情不愿的参与者，还有一些反对者。参与度的这种钟形曲线是很自然的。关键是要避免压力发生两极分化，从而将它变成双峰曲线：一边是“传教士”，另一边是怀疑论者。从中长期来看，由于“传教士”往往是少数，故而这种剧烈的敌对现象可能会破坏革新。

应对动荡状况。很多革新会将原本安全地隐藏在日常组织生活中的矛盾和敌意带出水面。一个人的专制习惯或另一个人的粗心大意很可能成为争论的话题，尤其是当这个集体中有身居高位的人时，这可能引发强烈的反对并对革新造成巨大破坏。在某家大公司，一项经过长期策划的、探讨基本管理问题的大型会议被直接取消了，只因一名高管将一位与他关系不错的员工提拔到了高位。他和他的亲信意识到，这次提拔可能会成为会议上一个令人尴尬的话题，于是取消了这次会议。

发展型领导者必须认识到，这种因素是政治现实的一部分。革新如果激不起一点儿波澜，可能也不会有多大成效。然而，这并不意味着每个人都得因革新而深感受到威胁。此时，可以将某些话题搁置一会儿，看看私下里会引发何种话题，然后将那些热议的话题标记出来，稍做推迟，等到气氛合适的情况下，再坦诚地进行会谈。

通往卡美洛的智慧之路

通往地狱之路由美好的愿望铺就，而通往卡美洛之路则由智慧的美好愿望铺就。本章中的几个观点的寓意在于，在小组、团队、群体和组织中，为了获得更高的智能而进行的变革，不仅要有美好的愿望，还要对过分挑剔的革新条件有相当好的悟性，并能将这种悟性付诸行动。在产生知识、交流知识、整合知识和实践知识这 4 个知识处理的过程中，最后一个往往最难。

通往卡美洛之路并不是一条高速公路，更有可能是一条蜿蜒曲折的坡道。理论—行动差距是革新中的主要挑战，不光对组织智能而言如此，对任何革新都如此。谈论如何玩好游戏，比真正玩得好容易多了。好主意很多，而成功转化为行动的则少之又少。

理论—行动差距的来源之一是理论及其表达的语言。理论往往过于抽象或复杂，难以快捷地为行动提供信息。好的行动性理论而非解释性理论，是以良好的行动之诗表达出来的，是革新的有力工具。行动性理论清晰、直接、精炼，能够引起共鸣，就像锦囊一样。

不过，最终促使变化发生的不是理论，而是构建理论的人。与之前提到的“独眼人”一样，他们也是发展型领导者。发展型领导者可能是有权者，但通常只是拥有正确悟性的参与者。

发展型领导者能从原型的角度看事情。在混乱的组织生活中，发展型领导者会注意到反复出现的原型模式。发展型领导者的行为是进步的，也是醒目的，他能创设行动并使原型突出。通过这种方法，发展型领导者在不同的小组间播下了组织智能的种子。

局部影响定律指出，发展型领导者主要影响与其直接互动的人。即使是发展型领导者个人，也能为了在小组中建立进步的实践群体而做很多事。

总体影响定律则指出，要努力突破局部影响定律的局限。培养大规模的进步的实践群体并不容易。最重要的是，这样的发展要求从行动及具体做法中学习。进步的扩展到了一定程度，会导致发展型领导者进一步出现，而他们在不同小组中的参与又会导致更多的发展型领导者产生，就像知更鸟和山雀偷牛奶的故事中所讲的那样。有远见的高层领导、政策、研讨会等，可以促使这种情况发生，但最终还是要依靠发展型领导者规模的扩大。

即使有一些发展型领导者在微观文化中播撒种子，也可能不会带来多大的影响。防御机制是自然而然的，也是组织生活中恰如其分的组成部分。框架防御、习惯防御和系统防御很可能出现。聪明的发展型领导者曾碰到过它们，能够利用相应的策略来应对。

这些思考并不是为乌托邦写就的一份简单的“秘方”。通往卡美洛之路充满了曲折和坎坷。不过，这一追求对所有生活在社群和组织中的人来说，都很重要，也很值得。

此外，我们应时刻记着：局部影响定律也能让人感到某种安慰。即使在令人沮丧的环境中，一个人也能通过自己的行为在局部取得一些良好的效果，至少在自己参与的一些小组中可以实现。谁知道到时会建成什么样的“城堡”呢？

工具箱

- 留意理论—行动差距。好的理论常常难以转化成实际行动。
- 警惕不要将解释性理论作为行动指南。这种理论离现实太远了。要利用行动性理论，它们有解释性理论的支撑，并通过良好的行动之诗得到表达，清晰、直接、精炼，就像锦囊一样。
- 发展型领导者是向组织智能转变的关键。他们会从原型的角度看事情，以有目共睹的方式采取进步的行动，并在身边创造出进步的群体。努力成为一名发展型领导者吧！
- 局部影响定律指出，发展型领导者的影响多数是局部的，只影响与他们直接共事的人。培训可以促进发展型领导，但别指望个人能发挥广泛的影响。
- 总体影响定律指出，如果发展型领导者人数众多，且交流构架能将人们充分混合，那么进步的做法就会得以传播。政策和程序可以起推动作用，但传播需要由人来进行。
- 社群和组织对革新有着天然且往往有效的防御机制：框架防御，针对的是挑战旧有参考框架的观点；习惯防御，旧习惯不顾新意图而不断重现；系统防御，通过各种系统压力来抵制个人意愿，如缺少时间、顽固的官僚制度以及文化规范等。
- 要对框架防御、习惯防御和系统防御等防御机制做好心理准备，并通过相应的策略对其进行反击。

让世界变圆

在公司大厅、政府部门、俱乐部和某些团队中，甚至在家庭中，人们低声诉说着自己的痛苦，似乎没有尽头：尖酸的反馈、混乱的合作、专制的领导、信任的破坏、冲突的升级等。而实际上，最让人恐慌的大概不是偶然发生的灾难，而是普遍的尴尬、低效、漫无目的、蒙混过关等导致灾难的诸多因素。

这一切还会改变吗？会的，只要我们理解它们，采取行动，并让全世界的桌子变圆。

葡萄牙探险家麦哲伦轻松地做到了这一点。16 世纪早期，麦哲伦环游了世界。诚然，麦哲伦自己并没有完成这一壮举，当时由于菲律宾麦克坦岛原住民的抵抗，他被杀害了。最初出发时有 265 人和 5 艘船，而在出发三年后，幸存返回的只剩下不到 20 人和一艘船。但我们还是可以说，麦哲伦轻松地做到了。

从物理意义上来看，世界原本是圆的，要证明这一点是一回事，也就是麦哲伦的舰队所做的；而从社会的角度来看，要将不那么圆的世界变圆，则是另外一回事，这是亚瑟王的“正义之师”要做的。到了21世纪，显而易见，这个世界从整体上来说并不是一个圆桌式的地方，虽然到处都有圆桌。因此怀疑论者可能会说，让世界变圆根本不可能。

我们不妨再次回顾一下本书的主体内容。我们从割草机悖论开始：集中利用体力劳动通常相当简单，而集中利用脑力劳动则往往相当困难。我们阐述了“是什么—为什么—怎么样”的问题：组织智能是什么，它为什么难以获得，我们怎么样才能获得更多组织智能。

那么，组织智能究竟是什么呢？要回答这个问题，我给出了圆桌模型。这个模型说的是：组织是由对话构成的。集体的智慧来源于个人的贡献以及人们的互动。人们的互动可以是进步的，也可以是退步的，或者处于二者中间的过渡地带。进步的互动能够将小组内的思路和经验高效地联结起来，推进议程的发展，并能提高小组的凝聚力，包括流程智慧和人员智慧。具体来说，它们显示出良好的知识处理以及积极的象征性行为。因为随着时间的推移和组织完整性的提高，进步的互动会产生更好的解决方案、决定以及计划，能让组织或群体变得越来越好，成为更好的集体思想家，也就是说，更加智能。

退步的互动则没有这种作用，包括糟糕的知识处理和负面的象征性行为。总体而言，它们会产生较差的解决方案、决定和计划，还会导致组织内的不稳定性，削弱集体的智慧。

人与人之间的互动可以分成不同的互动原型，即重复出现的互动行为的风格。这些原型中，有的总体上来说是进步的，有的则是退步的。而从集体生活的热点中，我们会发现这些原型，如小组决策、反馈、领导力、合作、信任、冲突以及变化。还有其他的热点也值得思考，如运作效率、组织方式以及人员的选举和提拔。带着圆桌模型的总体概念仔细思考此类热点，就会发现原型一次又一次地将作用发挥到极致，同时它们还带着知识处理和象征性行为的特有模式。

这些原型，有时反映了人们明确的哲学思维和策略。然而，它们往往并不是这样的。它们产生于心照不宣的设想、一时的冲动、最简单的前进路线，以及人们在无意间不断升级的互动模式。这样，主要的原型往往会在不同的环境中一次又一次地被复制出来。

群体或组织的交流构架决定谁和谁以何种角色进行交流。它支撑着 4 大类知识处理：通过交换经验、进行研究等产生知识；通过面对面、电子邮件或其他交流方式来交流知识；将知识整合进解决方案、计划和决策；根据所得知识采取行动。这样的交流构架允许这一切发生，但它不能决定这些互动是进步的还是退步的。

群体或组织的总体智能反映的是，在一个完善的交流构架中，进步的互动原型与退步的互动原型之间的平衡。组织智能是涌现的，就像天气那样。随着我们对集体中的“天气”有了更好的理解，就可以承担更多的责任，从而制造我们想要的“天气”。

那么，组织智能为什么难以获得呢？从前面几章的详述中，我们可以总结出以下几种原因。

第一，退步的原型倾向于驱逐进步的原型，即使进步的原型往往有着更强的适应性，即“恐龙悖论”。通常，退步的原型在认知和情绪方面往往更简单，而进步的行为则要求更多技巧且更具敏感性。在压力之下，认知负担增加，行为就会倾向于退步到更简单的、已习得的行为中去。当其他人退步时，要进步很难：进步的行为和退步的行为都会刺激各自的类型，但退步的行为所引发的退步的行为往往比进步的行为所引发的进步的行为更多。

第二，进步的互动的适应性也并非总是很强。例如，在紧急情况下，退步的做法常常更有优势，如没有时间额外处理进步的互动；当一个人对手头事情的了解远比其他人多时，额外的处理可能会浪费时间；或者，当顺利的组织协调比采用组织内大多数人的意见更重要时，如在一些军事或竞技场合。

第三，退步的原型往往为权威人物的利益服务，而无视组织的整体效率。组织智能虽然在总体上对组织有利，但对利用组织、挪用并窃取公共资源来为自己谋利的人来说，并不是很友好。

第四，革新的过程很艰难。即存在理论—行动差距。它是知识处理的第四步，即实践知识，常常挑战已经形成的信念、习惯和环境中的系统特征，从而唤醒组织免疫系统。记住所有这些因素，我们应该能欣喜地看到更多圆桌，或者至少是椭圆形的桌子。

我对广泛传播的组织智能的长期前景仍然抱着乐观的态度。第一个原因是，圆桌模型回答了“我们怎么样才能获得更多组织智能？”这一问题。我们可以尝试在一个组织中打造许多发展型领导者，建立一个可以将人员充分混合的交流构架，从而传播进步的行为。对于已形成的信念、习惯和系统因素带来的阻力，我们可以系统性地进行应对。

第二个原因是，曲折的发展过程不应该成为令人悲观的理由。对于基本积极但混合了不同效力的行为，这种模式是很自然的。

不妨想一想民主问题。克里斯提尼编造说，民主是他从敌对家族中夺回权力的一种方式。按照不同的说法，民主呈现了一种曲折的历史，有时前进，有时受挫，一直持续至今。民主是一种混合不同效力的行为，在很多方面效率低下，并且时不时地受制于无知或者感情冲动的投票的影响。苏格拉底对此有过抱怨，而在其他文化中，很多为了让他人开始行动而不断进行批评的人也是如此，包括像丘吉尔这样的人。尽管如此，不同形式的民主仍取得了明显的进展，尽管并不稳定。

本着同样的精神，我们不必对组织智能表现得不稳定而感到太沮丧，在我看来，组织智能的不同行为似乎正取得更大的进展。

第三个原因，也许是最重要的一个。在当今的世界上，组织智能适应性的优势可以说正在增强。其推动因素并非人类社会的智慧，而是技术的进步。在某种层面上，计算机和电子技术提供的互动方式可以更好地维持作为进步互动的基础的对话网络，如远程呈现技术和知识管理技术。不过，这只是微型芯片上的“点缀”。更广泛的因素是，通信和交通技术在继续“缩小”世界，而农业技术和物质产品则在不断地充斥着整个世界。

随着我们更便捷也更难以避免地相互联系起来，组织智能将变得越来越有价值。人们能够以前所未有的方式进行交易和合作，而要想做得好，组织智能就变得特别有优势。全球化从这一事实中获取动力，并进一步强化了这一事实。即使是对全球化趋势的负面影响进行抵抗，参与其中的组织也要建立联系、保持联系并进行合作——他们也需要组织智能。

进一步来说，在这个更加拥挤且彼此紧密联系的世界里，用权力决议来解决冲突变得越来越有破坏性和灾难性，而民事决议和共识决议则被证明更加富有成效，并能促进可持续的关联性。但是，这并不意味着我们正向没有冲突的乌托邦进发。正如前文中所讨论的那样，组织智能并不是为了消除冲突而存在的。立场和利益的分歧是人类与生俱来的，也是智能发挥作用的一部分。相反，组织智能包含智慧的冲突，其破坏性更小，并能在民事结构中处理各种纠纷和合作。

用生物学术语来表达就是，有利于组织智能的适者生存压力在增加，所以随着时间的推移，我们有望看到更多的进步的行为，就像环境促使某种生物特性变得更有适应性一样，这种特征在整个种群中出现的频率会一代比一代高。但我们没必要等上好几代人。社会行为与其说像基因，不如说像“模因”（memes）。模因是由理查德·道金斯（Richard Dawkins）[①] 提出的，它指的是社会认知网络中观念的进化。它的传播方式更像是山雀之间传播偷牛奶的技巧一样。人们甚至可以期待，组织智能产生的行动最终能得到广泛传播，以至有足够多的个人和组织熟悉并实践这种行为——假如有人不熟悉或不实践这些行为，就会变得很尴尬，这样很快几乎每个人都可以做到了。

但这并不是说，我们都应该坐在办公室的椅子上转来转去，傻傻地等待下一个新千年的到来。因为到目前为止，人类启蒙似乎并没有多么令人感到欣慰。因此，请不要再转椅子了。再回到亚瑟王，他也许只是一个虚构的人物，但他的圆桌却可以是真实存在的。让我们一起努力，将全世界的桌子都变圆吧。

① 理查德·道金斯是世界著名的生物学家，有“达尔文的斗犬”之称，他的《自私的基因》已成为经典之作。而在另一部经典著作《基因之河》中，他对生命进行了全新解读；《科学的价值》则是他的一本经典的散文著作，展示了一位科学思想者的眼界和价值观。后两本书的中文简体字版已由湛庐策划，分别于 2019 年和 2020 年由浙江人民出版社和天津科学技术出版社出版。——编者注

致谢

你有没有注意过，一个人在工作时能有多奇怪？诗人、学生以及白领可能会这么做，但在这个世界上，事情通常不是这样完成的。在生活中，绝大多数情况下，我们都是一起工作的，工作效果时好时坏。

本书讲的正是一起工作这件事，并且也恰当地反映了与很多人一起工作所能取得的成果。在本书的创作过程中，与众人的合作使我受益匪浅。

几年来，我和一些同事在哥伦比亚波哥大的豪尔赫·塔德奥·洛萨诺大学（Universidad Jorge Tadeo Lozano）进行了一项组织发展的行为研究，聚焦于大学的业务方面，并与不同领域的行政人员进行了合作，如会计、律师、采购人员及基建部门管理人员等。这个项目是由雷克托·埃瓦里斯托·奥布雷贡（Rector Evaristo Obregón）提出的，他对我们的努力给予坚定的支持。

此外，提供支持的还有大学社群中的其他关键人物，包括范妮·梅斯特（Fanny Mestre）和胡安·萨斯托克（Juan Sastoque）。哈佛大学的主要研究人员，包括克里斯·昂格尔（Chris Unger）、丹尼尔·威尔逊、韦罗妮卡·博伊克斯·曼西丽亚（Veronica Boix-Mansilla）等，以及来自豪尔赫·塔德奥·洛萨诺大学的多拉·邦内特（Dora Bonnet）和塞西莉亚·米亚米（Cecilia Miami）等，都提供了支持。虽然本书并不是该项实验的直接报告，但很多观点都源于此实验。我从中获益良多。

我曾与几名同事在哈佛大学发起了一个论坛，它与公司和政府团体的组织发展有关，即“学习创新实验室”（Learning Innovations Laboratory，LILA），研究的是组织智能、学习、领导、知识管理等问题。项目经理丹尼尔·威尔逊与德博拉·索莱（Deborah Sole）、特雷莎·怀特赫斯特（Teresa Whitehurst）以及其他几名哈佛成员建立了深厚的友谊，提出了丰富的建议，并对相关文献进行了透彻的分析。一些大公司和政府机构将他们的智慧和经验带到了台面上，每年召开 4 次会议，集中讨论一些话题，如技术在知识管理中所扮演的角色、新领导形式以及组织文化中信任的重要性等。在我看来，LILA 是一个学习论坛，适合所有参与者，当然在很多方面也适合我，它为本书提供了诸多信息。我对这些成员的真知灼见深表感激。

此外，还有一些人也发挥了重要的作用，推动了本书中诸多概念的完善。其中，哥伦比亚大学的卡洛斯·瓦斯科（Carlos Vasco）负责咨询，并与我进行了多次对话。欧内斯托·戈尔是一名阿根廷的商界学者，他在哈佛大学教育学院当了几个月的访问学者，同我一起研究了知识在组织中的传播。委内瑞拉的比阿特丽斯·卡德维列（Beatriz Capdevielle）对组织事件甚感兴趣，并开展了大规模的教育改革。我们对这些方面的讨论都很有价值。

来自伦敦的商业顾问艾伦·罗伯逊（Alan Robertson）是我的多年好友，我们在组织的不明确性和复杂性方面一直保持着密切的交流。约翰·爱德华兹（John Edwards）是一名来自澳大利亚的教育学家兼商业顾问，他向我介绍了关于专业知识的一些具有挑战性的观点。来自以色列的教育学家加夫里尔·萨洛蒙（Gavriel Salomon）与我谈论了组织社会，我们一起撰写了组织和社会中的知识网络等内容。来自以色列的教育学家兼企业家习移山（Yesha Sivan）曾就组织和技术所扮演的角色多次与我交换观点。

丽莎·弗朗塔多（Lisa Frontado）是我的同事，她阅读了本书引用的资料，整理了笔记，同我进行了讨论，并对书中观点的内涵等进行了探索。她还对参考文献进行了把关，给了我巨大的帮助。我对她心怀感激。

编辑艾尔丽·斯图尔特（Airié Stuart）就本书的语言和受众群体提供了明智的策略及有针对性的编辑建议，也使得本书能以良好的节奏顺利完成。费斯·哈姆林（Faith Hamlin）一直是我的代理人，他给予我充分的鼓励，并提供了重要的写作建议。感谢他们所做的贡献。

这些年来，我从一些公司、政府以及大学中获得了很多灵感。为了保密起见，我更改了其中的关键人物、产品和服务的细节特征，但我尽量保留了其中的核心特征，因为正是它们使得这些经历富有启发性。

无论组织大小，与他人一起工作都是一件十分复杂的事，它往往很困难，分析起来也颇具挑战性。因此，书中难免会忽略了一些重要的事情，有些甚至还有可能搞错了。但我希望读者能从本书中学到一些既有启发性又充满力量的方法，从而对集体生活进行思考。毕竟，那里才是我们的成事之地。让我们以尽可能智慧和令人愉悦的方式行事吧！

未来，属于终身学习者

我这辈子遇到的聪明人（来自各行各业的聪明人）没有不每天阅读的——没有，一个都没有。巴菲特读书之多，我读书之多，可能会让你感到吃惊。孩子们都笑话我。他们觉得我是一本长了两条腿的书。

——查理·芒格

互联网改变了信息连接的方式；指数型技术在迅速颠覆着现有的商业世界；人工智能已经开始抢占人类的工作岗位……

未来，到底需要什么样的人才？

改变命运唯一的策略是你要变成终身学习者。未来世界将不再需要单一的技能型人才，而是需要具备完善的知识结构、极强逻辑思考力和高感知力的复合型人才。优秀的人往往通过阅读建立足够强大的抽象思维能力，获得异于众人的思考和整合能力。未来，将属于终身学习者！而阅读必定和终身学习形影不离。

很多人读书，追求的是干货，寻求的是立刻行之有效的解决方案。其实这是一种留在舒适区的阅读方法。在这个充满不确定性的年代，答案不会简单地出现在书里，因为生活根本就没有标准确切的答案，你也不能期望过去的经验能解决未来的问题。

湛庐阅读App：与最聪明的人共同进化

有人常常把成本支出的焦点放在书价上，把读完一本书当作阅读的终结。其实不然。

时间是读者付出的最大阅读成本
怎么读是读者面临的最大阅读障碍
“读书破万卷”不仅仅在“万”，更重要的是在“破”！

现在，我们构建了全新的“湛庐阅读”App。它将成为你“破万卷”的新居所。在这里：

- 不用考虑读什么，你可以便捷找到纸书、有声书和各种声音产品；
- 你可以学会怎么读，你将发现集泛读、通读、精读于一体的阅读解决方案；
- 你会与作者、译者、专家、推荐人和阅读教练相遇，他们是优质思想的发源地；
- 你会与优秀的读者和终身学习者为伍，他们对阅读和学习有着持久的热情和源源不绝的内驱力。

从单一到复合，从知道到精通，从理解到创造，湛庐希望建立一个“与最聪明的人共同进化”的社区，成为人类先进思想交汇的聚集地，与你共同迎接未来。

与此同时，我们希望能够重新定义你的学习场景，让你随时随地收获有内容、有价值的思想，通过阅读实现终身学习。这是我们的使命和价值。

湛庐阅读App玩转指南

湛庐阅读App结构图：

三步玩转湛庐阅读App：

读一读 ▾

湛庐纸书一站买，
全年好书打包订

听一听 ▾

泛读、通读、精读，
选取适合你的阅读方式

扫一扫 ▾

买书、听书、讲书、
拆书服务，一键获取

App获取方式：

安卓用户前往各大应用市场、苹果用户前往App Store
直接下载“湛庐阅读”App，与最聪明的人共同进化！

使用App扫一扫功能，
遇见书里书外更大的世界！

快速了解本书内容，
湛庐千册图书一键购买！

大咖优质课、
献声朗读全本一键了解，
为你读书、讲书、拆书！

你想知道的彩蛋
和本书更多知识、资讯，
尽在延伸阅读！

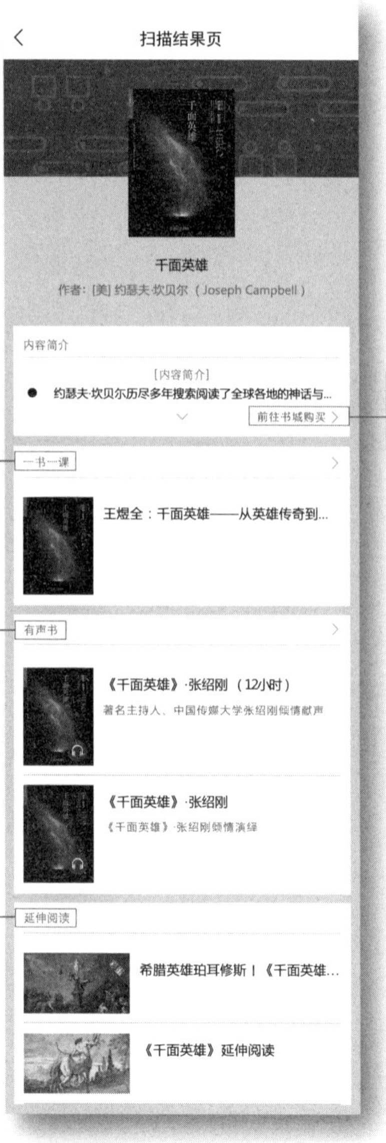

湛庐CHEERS

延伸阅读

《U型理论》

◎ 一部引领人类未来的变革之作，组织学习大师奥托·夏莫经典著作，《第五项修炼·心灵篇》的理论内核。

◎ “学习型组织理论之父”彼得·圣吉，中央党校《学习时报》副总编辑、教授兼博导钟国兴老师倾情推荐。

使用“湛庐阅读”App，
“扫一扫”获取本书更多精彩内容。
ISBN 978-7-300-13107-8

《指数型组织》

◎ 企业高管和 CEO 应对指数化时代的必读书！奇点大学创始执行理事、奇点大学全球大使萨利姆·伊斯梅尔重磅作品！

◎ 海尔集团董事局主席张瑞敏、清华大学教授陈劲、北京大学新闻与传播学院教授胡泳联袂推荐。

使用“湛庐阅读”App，
“扫一扫”获取本书更多精彩内容。
ISBN 978-7-213-06921-5

《如何领导天才团队》

◎ 哈佛商学院教授、创新领导力研究全球第一人琳达·希尔领衔作品！揭示皮克斯、谷歌、eBay 的长青秘诀，破译组织永葆创新活力的密码！管理集体创造力，让创新不再是偶然！

◎ 荣获全球商业图书大奖公理商业图书奖金奖，*Business Insider* 杂志“年度 20 本最佳商业图书”。

使用“湛庐阅读”App，
“扫一扫”获取本书更多精彩内容。
ISBN 978-7-220-11270-6

《打胜仗的团队》

◎ 任正非说：让打胜仗的思想成为一种信仰！如何做到？答案就在重磅推出的“打胜仗系列”中。

◎ 运用 7 大原则，打造战无不胜的超级军团。变化与动荡的时代，个人与组织赢得成功的操作指南。华为管理顾问田涛 7 500 字长序鼎力推荐！

使用“湛庐阅读”App，
“扫一扫”获取本书更多精彩内容。
ISBN 978-7-5168-2721-5

著作权合同登记号：图字：01-2021-0882 号

图书在版编目（CIP）数据

高效的组织都是圆的 /（加）戴维·珀金斯（David Perkins）著；朱映智译. --北京：中国纺织出版社有限公司，2021.3
书名原文：King Arthur's Round Table
ISBN 978-7-5180-8367-1

Ⅰ. ①高… Ⅱ. ①戴… ②朱… Ⅲ. ①企业管理—组织管理学—研究 Ⅳ. ①F272.9

中国版本图书馆CIP数据核字（2021）第023020号

责任编辑：闫　星　　责任校对：王蕙莹　　责任印制：储志伟

中国纺织出版社有限公司出版发行
地址：北京市朝阳区百子湾东里 A407 号楼　邮政编码：100124
销售电话：010—67004422　传真：010—87155801
http://www.c-textilep. com
中国纺织出版社天猫旗舰店
官方微博 http://weibo.com/2119887771
天津中印联印务有限公司印刷　各地新华书店经销
2021年3月第1版第1次印刷
开本：710×965　1/16　印张：17.75
字数：232千字　定价：89.90元

凡购本书，如有缺页、倒页、脱页，由本社图书营销中心调换